JN096730

明日の道徳教育

人間平等への国際的な歩みと共に

安井 勝
Yasui Masaru

文理閣

はじめに

今日の時代を生きる多くの人々は、社会の安全と生活の安定を脅かされて止む事のない不安感に苛まれている。ところが、この同時代に〝道徳〟を語るとき、人々は生きている現実を忘れたかのような息遣いになる。そこに、清く正しく美しく、〝より善く生きる道（道徳）〟を求める。そのような善の価値領域に対して意見を述べるのは不道徳だし、まして批判するのは不謹慎と言われかねない。それだからだろう、人々は道徳の議論をためらう。

しかし、そこに問題点があるときは考察を進めるのが社会に対しての責任であろう。さらに、建設的な提起は誰にも与えられていると思う。つまり、課題の社会化である。ここに二つの問題意識を提起して、筆者自身の道義的責任を果たしたい。その一は、どのようにして道徳意識が生まれ、それは社会の中でどのように浸透し機能していくのだろうか。その二は、学校道徳において、〝自分で考え、自主的に行動できる子ども〟を育む道徳教育の可能性と展望を見定めたい。

本書は、まず、人類の歴史と人間の生活過程において道徳性がどのように生み出されて、社会機構のもとでどのような役割を持つようになったか、そして、どのような機能を果たしてきたのかを論じることにした。そこでは、人間の普遍的価値を求める道徳が、時代と歴史の局面では国家的・統制的機能を有しているという道徳性の性質を明らかにした。主として学校教育や道徳教育を考察する本書が、道徳の階級的様相とそこから派生する問題を論じるのは論争的な印象を与えるだろうが、筆者としては道徳現象を科学的に分析していくと自ずと見えてくる。今日の道徳教育研究はそれへの追究を進めてこそ展望が開かれると考えている。

第二に、道徳の階級的性質を論じる批判的考察のみでは創造的とはならない。その問題と矛盾を道徳教材や教育関連法から引き出すとしても、今日の道徳教育においてそれらを克服していく可能性を（論理と担い手を示して）明らかにしようとした。

第三には、教育現場で使用されている道徳教科書教材を研究対象にした。学習指導要領は、道徳教育の目標を達成するために指導すべき内容項目を四つの視点に分けている。A：主として自分自身に関すること、B：主として人との関わりに関すること、C：主として集団や社会との関わりに関すること、D：主として生命や自然、崇高なものとの関わりに関することである。

そこで、現行（二〇二一年度版）の中学校道徳教科書の全部から、A、B、C、Dのそれぞれの視点領域で掲載数の多い教材を一教材ずつ選んで教材分析を進めた。道徳教育を進める現場の先生方と共に授業研究をするような心境だったが、残念なことに教育現場を離れて期間が空いてしまっている。教育現場の先生方の参考と批判に供したい。

本書の章立ては、道徳事象に対する距離的スタンスから見ると、概ねマクロ的観点からミクロ的観点へ、歴史的観点からはより遠い時代からより近い現実的事象へと編集の企画をしたのだが、研究対象や引用資料が相互に入り組んでいるので、全くその通りにはならなかった。例えば、第三章については、筆者の道徳研究の端緒のもので、研究対象が一世代前なので、古い（歴史的）研究文献になってしまった。物語小説のようなストーリー性は構想していないことから、関心を持って下さる章から読み進めて頂けると考えている。

目次

目次

実践編

序　章

筆者は道徳や道徳教育を考察するにあたって、今日の風潮とか世論、常識のような日常生活に漂う思潮を注視している。そのような細かな事象を見ていると、そこから本質が把握できると考える。どのような本質も現象に表れるのは、認識論の原理である。しかも、本質は隠れている。本論に進む前に、筆者の道徳的問題に対する論じ方として、次のような日常的で世俗的な事例を端緒に考察していることを示し、実証的な論考のあり方を了承していただきたい。

一　日常に見る道徳的心情

歴史は進歩しているのか後退しているのか。先行きの見えない日常生活の中へ、徐々に浸み込んでくる思考様式がある。それらが浸み込んで、全般的に、やがて一般的になると、世間的「常識」として価値化をきたす。非常識から全般的価値は形成されないから、価値理解の道徳は「常識」と相性が良い。

さて、思考の常識化（の過程）は、どこからも影響を受けずに先験的に形成していくのだろうか。常識とされる思考は一気に一般的普遍的になるのではなくて、それぞれに促進因を持っているようである。四つの事柄を示して、思考様式の常識化していく仕組みを捜してみたい。

（1）『ファミリー　ヒストリー』（ＮＨＫテレビ番組／二〇〇八年開始）

主に芸能人の家系を二代三代、さらに四代と溯り、先祖代々の苦心や名跡を偲び、それらの血縁を得て彼らの〝いま〟があるというのが番組編成である。そして、ゲストの彼らは一様に「知らなかった」「驚きました」「感激しました」と感慨を深める。この限りでは何の問題もないが、周辺の事情を並べていくと問題点が浮かぶ。第一に、登場するゲストの親からたどる家系は実際には幾筋にも拡張しているが、番組はその内から一、二本の筋を取り出している。見落とした（捨象した）家系列には、編制テーマにはそぐわない諸事情が留め置かれていないか。第二に、主として男系を遡っているのに疑問が残るし、さらには、登場するゲストの家系を代々と辿るドキュメントに、放送番組としての意義があるだろうか。家系の過去（記憶と記録の事柄）は、社会的身分や門地を確かめるためのものではない。視線を下ろして水平的に見れば、人々は皆で寒暑を凌ぎ、お互いが大地を相補的に踏みしめて来たのである。第三に、そうっとしておいてほしい人々だって

〝いま〟を生きている。番組には、そのような人々への心配りが感じられない。あと何回、何年、番組を続けるのだろうか。

(2)『ポツンと一軒家』(民放テレビ番組/二〇一七年開始)

日本各地の奥まった一軒家を訪ねるという企画。番組編成の趣旨は、日本にはどこまで辿っても整った家があり、そこには生計を営む家庭があり、日本は家族が一つの単位として伝統的に存立してきた。

視聴者は、カメラが撮った家屋や室内、調度類、周辺の佇まい、地域の風習や文化等に住人の機微を感じ取り、ホッコリと安堵する。番組は一家族の彩りを届け、年配者には懐かしさと郷愁を存分に与えてくれる。番組の趣旨は、国内の中から、ポツンと佇む一軒の家屋を「選定」して先のような感慨を呼び覚ます点にある。

しかし、カメラが追い求める道中に寒村や廃屋が無かっただろうか。田は荒れ、畑が竹林と化し、何年も締め切った家屋、草むらの庭。それらの背景にある人々の生活難や家庭問題で離散した家族、入院や介護で空き家になった家庭等の社会的諸問題が見過ごされていないだろうか。つまり、道中(「線」)と地域・周辺(「面」)を素通りさせて、カメラは、ポツンとしたような一軒家(「点」)をアップして伝えている。

（3）自助・共助・公助の風潮

菅元首相は首相就任会見で「二〇五〇年までに温室効果ガス排出量ゼロをここに高らかに宣言します」と政権政策を述べ、続けて次のようにも言った。「まず、自分で努力する。そして助け合う。最後に生活保護がある」。生活保護の認可措置に限って自助・共助・公助を充てているように読み取れる。しかし、その自助意識は庶民に根深く浸透している。そこには、既に自助→共助→公助という矢印意識が脳裏に沁みついていて、生活困窮者からも「生活保護だけは受けたくない！」という声が上がる。「自助できず、共助も叶わない人が生活保護を受ける」という論理だから、屈辱的な受給を避けたくしている。その心境を世間化すると、国民全体に対して〈なんとか自分で〉の自助意識が遍く深く根付いていくわけだ。[1]「最後に生活保護がある」という言説は、国民への安心感よりも自助努力を強調するのに役立っている。それによって生活保護受給を憲法一三・二五条に基づく権利から、国の恩恵的施策に変質させる意図が潜んでいる。

（4）愛国と排外

メディアが尖閣諸島付近の接続水域に現れる中国海警船を報じるのが日常的になった。[2] その地に産業が成立していない尖閣諸島が無価値だとは言わない。そこは国境線確定の標識としての意義がある。中国船のデモンストレーションが庶民の利害に直接絡むことはないのに、物理上の摩擦音やノイズが耳に残るとイライラするように、再々の報道が耳目に焼き付くと、「ムッ」とした国民感情が生まれ、中国に対抗的な思いを抱く。

集団は小集団から大集団にいたるまで、集団間で見解の相違や摩擦が高じて対立関係に至る場合がある。そこに衝突が生じると、集団内部は結束し外部に対抗していくようになる。この心理傾向を理性や悟性で上手(うま)く制御するのは難しい。

そのような社会集団の心理を国家間対立に押し広げているのが、愛国主義と排外主義である。愛国心を醸すには、手っ取り早く「敵」を見つける。そして、〝わが国は優れている〟と唱えると意気が揚がる。

国内の敵対感情も激しくなってきた。例えば、先の東京五輪に際して、国威発揚の好機にあって「一大国家イベントに反対とは何事だ。日本人か！」と、コロナ禍での五輪中止を説く人々を罵倒する。その言動の激しさは、抑圧され鬱屈した心情が日常に渦巻き、故に愛する機会を求める人達が、「国を愛する」という献身的価値に自己の在り処を求める叫びに聴こえる。その一方で、「敵対する者」「敵対する国」を執拗に攻め立てるのだから、偏狭な愛国心情から抜け出せない(3)。

愛は人間同士の情愛が起原である。愛国心は、その国に生きる人々への慈愛から起こしたい。

二　浸透を「謀る」国家的道徳

教育の憲法として護られてきた教育基本法が二〇〇六年に改正された[4]。その第二条（教育の目標）には、五つの達成目標があり、どの項目にも「態度を養う」内容事項が明記された。また、「態度を養うこと」が文末に付いていると、それが最終の目標だと読みこまれる。ここに、「態度を養う教育」（つまり、道徳）の根拠が確立したわけだ。

続くところ、現行の小中学習指導要領（二〇一七年告示）には「特別の教科 道徳」が定置された。すべての教科・時間・活動の目標に「態度を養う」事項が収まった。教育活動全体を通じて行う道徳教育の要となる「特別の教科 道徳」では、道徳性を育てる二二項目の内容が示され、それらを毎年「全て取り扱うこととする」と規定している。その指導にあたり配慮する点として、次のような項目がある。

「(7) 道徳科の授業を公開したり、授業の実施や地域教材の開発や活用などに家庭や地域の人々、各分野の専門家等の積極的な参加や協力を得たりするなど、家庭や地域社会との共通理解を深め、相互の連携を図ること」

これは、学校道徳が家庭や地域と地続きになることを意味する。

自由民主党の「日本国憲法改正草案」（二〇一二年四月）は、それらの要諦を穿（うが）つ文書である。前述の〔一　日常に見る道徳的心情〕（1）～（4）に関係する箇所を草案の「前文」に見ると、「日本国は、長い歴史と固有の文化を持ち、国民統合の象徴である天皇を戴く国家であって、……。日本国民は、国と郷土を誇りと気概を持って自ら守り……、和を尊び、家族や社会全体が互いに助け合って国家を形成する」とある。また、草案九条の二では国防軍の保持を明記し、その三で「国は、主権と独立を守るため、国民と協力して、領土、領海、及び領空を保全し」とある。この「協力して」は「徴兵制」への義務と読み取れる。道徳心の根幹に関わる部分として、草案一二条で「自由及び権利には責任及び義務が伴うことを自覚し、常に公益及び公の秩序に反してはならない」とし、一三条では「全て国民は、人として尊重される。生命、自由、及び幸福追求に対する国民の権利については、公益及び公の秩序に反しない限り、……最大限に尊重されなければならない」と、公益及び公の秩序の枠内に国民を統制しようとする。現憲法一三条は、「すべて国民は個人として尊重される」のに対して、〝人として〟の表現に変えて、一人ひとりにそれぞれの尊厳があるという思想を葬っている。家族、婚姻等に関する基本原理を規定している草案二四条一項は、「家族は、社会の自然かつ基礎的な単位として、尊重される。家族は、互いに助け合わなければならない」と規定し、自助・共助の基礎的単位の役割を負うと義務付けている。

　それらの条文と（1）～（4）の諸事象の間に関連性はないと言えるだろうか。例えば、（1）

「ファミリーヒストリー」は改正教育基本法（二〇〇六）の後、二〇〇八年に番組を開始しているし、（2）「ポツンと一軒家」は、日本国憲法改正草案（二〇一二）の後、二〇一七年に開始している。道徳は普遍性を求める。教育行政のもとに国家の道徳が敷かれると、時代を重ねるごとにその道徳性が浸透していく。それとの地続きで国民の側にも常識化された（意図された）道徳性を広めていくと、全国民的に道徳意識が浸透し、普遍化していく。

支配的な物質的諸関係が現存する社会のもとで、支配的な思潮は社会の体制を維持させる観念的な理論を装い、その物質的支配力を担保に「合理性」を整える。そして、国民によって論破されるまで社会体制を維持するための思想になるのではないだろうか。

注

（1）社会福祉の学問領域では、自助・共助・公助の図式は↓ではなく、少なくとも円環（あるいはトライアングル）的な配置と考える。

（2）防衛白書（二〇二一年）によると、尖閣付近に現れる中国海警船の活動日数が、二〇二〇年には三三三日、延べ一一六一隻と過去最多になったと強調している。その報告からは、日本側も日常的に旋回していることが伺える。

（3）筆者は、このような状況を次のように考える。彼等とて多くは競争と選別によって苦しめられ、真の怒りの対象を見失わされた社会的弱者である。支配する側は被支配者層を違わせて分断統治する。

(4) 第一次安倍晋三政権時に、〈今日の時代状況に相応しく〉との名目で教育基本法が改正された。この国のかたちを変える(憲法改正)ための地ならしとしてのそれだったことを第二章で詳しく論じる。

理論編

第一章　道徳の起源と社会的機能

一　道徳教育の考察にあたって

人間の内心を問う道徳の問題

「汝（なんじ）の意思の格率が常に同時に普遍的な立法の原理として妥当するように行為せよ」（カント『実践理性批判』第一部 第一篇）。〈あなたが自ら考え抜いた行為基準が、同時に万人に共通する普遍性を持つような行為となれば、その意思と行為は道徳的である〉という意味である。カントが説く道徳実践の規範は定言命法といわれている。それに対する仮言命法は〈汝、…ならば、…ように行為せよ〉となり〝…ならば〟という仮定（条件）が付いた道徳実践といわれる。

個人の意思と行為が社会の利益や幸せと合致するような人間と社会のあり方は理想的世界である。このような理性的道徳実践を日常生活で常時通用させるまで道徳性を高め得るのは、個人と社会が望ましく調和する共同体を構成しているときである。今日の社会は概ね利益社会であり、人々を融和する共同体ではない。未だ理想的な世界に至っていないことにより、そこに道徳の存在理由があるようにさえ思われる。だからといって、道徳的実践の難しさを論じていても、カントが唱える定言的道徳律（定言命法）の至高を否定してしまえば道徳と道徳論は無用となる。

道徳的に人生を歩もうとする道は、実に険しい。時に、道徳は内心を揺るがす。多くの人は、愛と憎、真と偽、善と悪、正義と不義の間を往来して悩みながら生きている。その傍らで、往来もせずに非道徳・不道徳を省みぬ人達が社会的成功を収めているという不条理が周囲（の現実）に起きている。庶民は自らの世俗的成功を道徳性が保障するとは容易に信じないで、距離を置いて道徳と付きあう。その「緩衝地帯」へ道徳論が割り込んでくると、その道徳性を等閑視する。

筆者は教育現場で体験してきた諸事情から、次のような問題意識を持つようになった。

〈真面目で優しい先生（のほう）が心を病み、倒れ、休職に至るのはどうしたことか？〉

一九九〇年代、全国的に「学級崩壊」現象が表れ、教師達が心を痛めて休職してしまう事態が筆者の近くでも見られた。道徳心が高く誠実な一人の先生は苦難を厭わず全身全霊で仕事に打ち込んだ先で病苦に倒れ、僅か数日で逝ってしまった。

彼等を支えていた優しさ・正直・誠実・自制心、より良く生きようとした道徳性が彼等を縛り、助けず、生命さえ奪ってしまった。そのような事態を目の当たりにして、「優しくすると（自分やクラスが）潰れる」と、教師達がささやき合うようになった。

端的に言うと、教育の現場から優しさが薄まり、子どもへの指導について悩む教育は排出され、悩まない（悩まなくともよい）教育が広がってきたのではないか。その教育を「教師」と置き換えても通用するような学校へと変容して、（いわば）学校現場自らが道徳性の基盤を揺るがしていないだろうか。

教師の道徳教育への迷いと疑問

二〇〇〇年代、そのような教育困難に分け入って、この機にとばかりに、〝心の豊かさ〟が強調されて〈道徳の教科化〉が進められた。二〇二〇年度から「特別の教科 道徳」（以下、道徳科）が本格実施になり、学習指導要領に示された内容項目を規準として、子どもの道徳性が評価される教科になっている。やがて、その評価観点は教師自身の道徳性の指標となっていくだろう。即ち、子どもに良心的に向かい合う道義的な徳育者としての教師が、道徳科の教育指導に至って「道徳教師」になるわけだ。そこには、教師に対しても規範的道徳律を課すという道徳科の隠れた意味がある。その意図を込めている道徳科（指導）は、どのような道徳性を課そうとするのだろうか。

多忙と過労が極まりない教師達にとって道徳教育への迷いや疑問は尽きない[1]。

さて、道徳教育の必要は正論であるが、〝昔の修身科にもいいところはあった〟と、それをも正論に導く意見がある。例えば、渡部昇一（二〇一三）は、戦前の修身教育の時代を「日本は決して好戦的な国ではなく、一部で言われるような暗黒な時代でもなかった[2]」として、「教育勅語の徳目は時代や場所を越えて普遍・不変の価値があり、そこに示された徳目を目指して修身に心がけることは普遍・不変の価値がある[3]」と述べる（あの軍国主義時代に、渡部は何処で陽光の当たる道徳的実践を積んでいたのかと、懐疑的になる）。

「教育に関する勅語を教材として用いることまでは否定されることではない」とする閣議決定（二〇一七／三／三一）が発出された。しかし、実情はどうだろうか。すでに学習指導要領の徳目（小学校：一九～二二項目、中学校：二二項目）の大多数が修身教育下の諸徳目と符合している。ここから湧き上がってくる問いは、それらを普遍・不変の価値として分け入ってくる、先の論調の背景に何があるのか。そして、道徳科（指導）への疑問は、道徳指導上の実践的諸課題に止まるだろうか。

課題考察にあたって

学習指導要領の下で、どのように道徳教育を理解して実践するかは、子どもの心と教師の精神性をめぐる看過できない課題である。筆者は、『立命館教職教育研究 第三号』において、道徳教育に関する研究を著し、学校教育全体の道徳主義（道徳主義教育）、道徳の教条化（科学的認識の希薄化）等を論じ、本書の第三章にも収めている[4]。その研究（当時）では、副読本『私たちの道徳 小学校五・六年生／中学校』（文部科学省発行・二〇一四年）のうち、主として「読み物」教材を分析対象にした。現在は、道徳科検定教科書が採択され、そこでも読み物教材の分量は多い。佐藤広美（二〇一九）によると、それら読み物教材の表現手法には、誇張、誇示、美談、反省、献身等の特徴がある[5]。道徳教科書によって、よりよく生きる道徳性が如何に養われるか、その道徳性は子どもの最善の利益につながるのかという客観的な検証を積み重ねるには至らない。そして、真実の保障がなされないままの道徳的価値の理解を基にして、道徳的な判断力、心情、実践意欲と態度の育成へ傾斜するところに、道徳教育への戸惑いと困難を広げる問題があるのではないか。

本章は道徳教育の困難性（迷いや疑問）に着目し、その要因の解明を主たる目標とする。そこに向かう本論の特色は、歴史や経済の分野に分け入って道徳現象を捉えること、そのために、哲学上の唯物論、歴史認識としての史的唯物論、及び論理学上の弁証法を適用する点にある。

そこで、道徳観念の生成から小論を進め、それが社会に及ぼす影響（役割／機能）を論じ、道徳教育の困難性を生む本質的問題を把握する。それらを通して、学校教育に道徳科が位置づいたとき、公教育における道徳教育の問題と課題を検討していく。

考察課題として、第一に、歴史的社会構造と経済状態のもとで道徳はいかに機能してきたかを論じる。第二に、それが公教育（つまり、道徳教育）として位置づくと、どのような影響を及ぼすかを（研究対象を設けて）考察する。第三は、よりよく生きる力を育む道徳教育のあり方として、科学的認識力の形成を指標において端緒的な考察を進める。

二　思想（社会の上部構造）としての道徳

一　道徳観念の生成と起源

道徳とは、広辞苑に「人のふみ行うべき道。ある社会で、その成員の社会に対する、あるいは成員相互間の行為の善悪を判断する基準として、一般に承認されている規範の総体。法律のような外面的強制力を伴うものでなく、個人の内面的な原理。今日では、自然や文化財や技術品など、事物に対する人間の在るべき態度もこれに含まれる」とある。道徳意識がこれを整備し、道徳心がこれを確立し、倫理はそれらを原理に収める。

そこで、道徳意識は先験的（アープリオリ）生成なのか、あるいは後天的（アーポステリオリ）生成なのか。それについては、〈存在と意識〉の影響関係を論じる哲学の関心領域でもある。つまり、創造主（神）の意思のような経験を経ない意識が先にあって、その意思や意識の産物として現実の諸事象を実在させている（観念論）のか、あるいは現実の諸事象が客観的に存在していて、その経験的反映として人間意識が生まれ表象されることになる（唯物論）のかという世界認識の課題である。

ここでは、生命の出現と創成に伴う生物（人間）の社会的諸経験が先行することによって、その外界との相互作用と反映によって人間意識が生成するという唯物論の認識観に依拠して論じる。生後直ぐに人間界から隔離して野生状態で生息したヒトは、人語はもちろん、人間の感情や感性を形成していなかった事実[6]や、戦場の兵士が極限状況下で人間性を剥落してしまった事実[7]がある。希少な事例だが、人間の意識や感情が環境依存的であることを如実に証している。それらが、人間意識に複雑・豊富に関係し合うことによって生まれるモラル（価値的意識）のアーポステリオリな生成の理由と説明である。

加えて、人間個体の認識活動の端緒を考えてみる。一般的には、人生の初日を出生日と捉えるが、医学的に見ると、人間の生命活動に関して受精卵の着床から人生は開始する。妊娠中（胎生期、胎児期）の生命体は、知覚能力（視角、聴覚、味覚、嗅覚等）を胎生六か月までに準備を終える。それらの知覚能力を整えて出生した新生児は、外界との相互作用を通じて（胎児期に形成した）諸機能と感情・情緒を発達させていく。胎児期には、母性と胎児のコミュニケーションが成立していることも明らかになっている。[8]生命科学の到達点に拠ると、精子と卵子、その受精卵という物質（存在）の内側に感覚、知覚、感情、情緒、共感等の意識が生成するのである。道徳的意識は、胎生期の諸感覚と、その後の感情・情緒を〈基盤〉にして、母子という人間関係のコミュニケーションに〈契機〉を得て、出生によって徐々に人間関係のもとで〈現象化〉していく。出生日を人生の初日とした場合の〝生まれつき〟と感じてしまう先験的意識自体が、実は生命体（物質的存在物）の社会的（総体的）な生成作用の一現象である。今日までの諸科学の進展は唯物論を保証していく。

続けて、道徳的意識の個別的生成を歴史的社会的側面から捉えてみる。それは人間社会の長い歴史的生活を反映し、変化してきている。人類史の内、その九九％を占める先史時代は、人間は自然界に依拠した状態で生命を維持していくのが精一杯の生活形態であった。狩猟と採取の時代には、人々は小集団で移動し、限られた獲得物を共有・分配する生活形態を採ったと言われている。人々は群れの中で生活することが生き延びるための必須的条件であり、人々は、部族内で〈我々〉として存在していたので、個々の〈我〉を差異化する必要と場合が少なく、〈我々〉を主たる存在意識にして暮らしていた。一例として、男女の関係を意識づける観念のうち、ある程度の約束で成立する婚姻関係においても、最初の婚姻形態は群婚であったといわれる。一部族の中で性愛の対象がいまだ特定化されるに至らず、すべての女はすべての男に、すべての男はすべての女に属すると考えられていたことを意味している。男女間に特定化された婚姻関係は、先史時代の部族と生命を維持していくことに適さなかったのである。ヒトは、〈我々一〉、〈我々二〉、…という集団内的存在であって、獲得物を必要に応じて分配し消費してしまう集団内では、〈私〉を意識化させる必要が生じず、生じたとしても利己的な〈私〉とはならない。

集団的に働き、集団的に生活する彼等は、物の見方や感じ方、意欲や行動も集団的となる。この時代に生きる人々は集団的に認識し、集団的に情感を共感し、集団的な意欲を保つ。そのように集団観念が支配的な彼等には、生活に恵みをもたらす自然や自然現象を敬い畏（おそ）れる感情に充ち、それらに霊威を感じ取るアニミズム的生活意識が全く親和的であった。太陽や月、山や川、動物や植物に対して、彼等がそれらに向き合うとき、その中に一種の神秘的な感情を経験する。しかも、それらの感情を自然現象の中に移し入れて結びつける。アニミズム的意識を基盤にする集団的観念をも道徳的意識の一面や端緒と位置づけるとすれば、それは道徳の原始的状態と言えよう。(9)現行の学習指導要領の道徳指導内容にも自然への畏怖の念が盛りこまれている。

先史時代の人々が群れて生存する社会形態のもとでは、自他を意識化することによって成立する本来的な道徳は着想されない。しかし、そこに形成された集団的共同的生活様式と意識形態は、その時代で精算されることなく、以後の道徳性成立に大きく寄与することになる。人類の歴史は、真に意義あるものを余すことなく次代に引き継いで進歩していく。道徳性も歴史と共に歩んでいく。

〈我々〉の集団が過ごしてきた未道徳の長い歴史（期間）を経て、人類が社会集団内で〈私〉を意識し、集団の中の個人、及び社会に対する個人を認識するようになったときに、自他の関係性を問う道徳は思惟形式を整える。それを歴史時代に照らすと、狩猟・採集の獲得経済時代から農耕・牧畜の生産経済時代へ、即ち生産性の向上によって定住が常態になり、生産物の共有・分配から所有・蓄積へ、社会関係の共同制から統率と従属へと移行を始めた歴史に概ね重なる。[10] 端的に言えば、社会集団内の生産関係の変容に関連している。社会集団内の所有物の差異と私的所有、生産物の交換及び社会集団内の社会形態の変化に促されて、〈我々〉という共同・集団観念を出自にして、それを相対化する〈私〉が意識されていく。つまり、〈私〉という自己意識は、人類の長い〈我々〉意識を受け継ぎ、かつ社会形態の変遷過程にも刻まれて、歴史的に実在する個人に生成する思惟様式ということができる。〈私〉という自己意識は、〈社会の中の一人〉が感じる社会的意識であり、その個人的意識化である。

二 人間社会における道徳の機能

生産性の向上と生産物の増大により、部族内に余剰物が蓄積されてくると、それらを保持・管理するためにリーダーや統率者が現れる。そして、その余剰物をめぐる所有と占有の欲求が強まる。それにつれて、統率者は統治者へと役割を変容させていく。やがて、余剰物をめぐる利害の対立は、支配と隷従の関係を生みだす。社会の階層化、あるいは階級社会への移行である。そのような部族内の権力構造が機能する一方で、他部族との土地と人民、財産をめぐる対立と抗争が生じ、そこからクニ（国／くに）の形成（古代国家）へと進む。古代の王墓は、その象徴である。

人間社会が積み上げた成果物（生産物）に対する所有のあり方（生産関係）から生じる利害・対立・調整を契機にして、生産関係の根幹を掌握する物理的権能（権力）が人間諸関係の正邪／善悪の判断と行動を律するものとしての部族内的規律を呼び起こす。部族内全体の維持と安定／平定には新たな「普遍的」規範が構想され、それらを〈我々〉という共同モデル観念を介して共同体（クニ）を具現化していく。こうして、道徳は、個人に道徳性を要請する一方で、人間社会の安定と維持を黙約させようとする。(11)

道徳性が長く全般的に浸透していくと、道徳観念の起点を人間の本性（アープリオリな生成）に求める解釈がなされるが、道徳観念は社会的生産様式と社会構造を基盤にしており、観念のどこかに物質性の尻尾が付いている。逆説的にいうと、人間と社会に物質欲や利害心が皆無のとき、道徳観念は構想されない。

三　道徳の階級的性質と普遍性指向、その矛盾

J・J・ルソー（一七一二〜一七七八）は、「自然の状態には実在の、そして破壊しがたい事実上の平等がある。……文明社会の状態には妄想的で空しい権利による平等がある。なぜなら、それを維持するための諸手段それ自体がそれを破壊するために奉仕しているからであり、また、弱者を虐げるために最も強い者に付加された公共の権力が、自然が人々の間においた一種の均衡（平

等の状態―引用者）を破るからである。」「あらゆる国の法律の一般的精神は、つねに、弱者に対して強者に、持たない者に対して持てる者に恩恵を与えることである。この不都合は避けがたく、これには例外はない。」「多数者は少数者の犠牲になり、公共の利害は個人の利害の犠牲になるであろう。いつでも、正義とか服従という、見かけのよい言葉が暴力の道具として不正行為の武器として役立つであろう。他人に有益であると主張する特別の階級は、実際は、他人の犠牲において自分自身にしか有益ではないことになる[12]」として、自然における平等状態を文明社会こそが不平等に巻き込んだことを明かした。

社会の構造を史的唯物論が分析するとき、特別な階級の思想（観念）が支配的となる物質的根拠（物質性）を次のように説く。「支配階級の思想が、どの時代においても、支配的な思想である。すなわち社会の支配的な物質的威力である階級が、同時に、その社会の支配的な精神的威力である。物質的な生産のための手段を手中に収める階級は、そのことによって、同時に、精神的な生産のための手段をも意のままにする。それ故、そのことによって同時にまた、精神的な生産のための手段を持たない人々の思想は、概して、この階級に従属させられている[13]」。支配的な思想は、支配的な物質的諸関係が現存する社会のもとで、その一階級を支配階級に同化させる観念的な理論を装い、その物質的支配力に「合理性」を与える。そして、被支配者側に論破されるまで一階級を維持する支配の思想になる。

F・エンゲルス（一八二〇〜一八九五）は、「……。だから、道徳の世界にも歴史や民族的差異を超越した永続的諸原理があるという口実で、なんらかの道徳的教義論を永遠の、決定的な、今後変わることのない道徳律としてわれわれに押し付けようとするさしでがましい強要を、いっさい拒否する。その反対にわれわれは、すべてのこれまでの道徳理論は、結局はそのときどきの社会の経済状態の所産である、と主張する。そして、社会がこれまで階級対立のかたちで運動してきたように、道徳もつねに階級道徳であった[14]」と、支配的思想の階級的性質について、それは道徳観念も同様であると解く。

階級社会内の富の所有と配分をめぐって階層間に差異や対立が見えてくると、それが諸階層の思想や道徳に反映するのは歴史事実が教えるところである。日本史で数えると、支配階級として数百年続いた武家政権の後期に、階層的には下位にあった町人層が武士道徳を凌ぐまでの経済的基盤を（江戸時代中期に）形成して、「江戸しぐさ」のような町人道徳を生み出していた[15]。また、武士階級の維持／存続を経済的に支えていた農民層は、その時代に三〇〇〇を超える百姓一揆を起こしていた[16]。そのような胎動を背景に、石田梅岩（一六八五〜一七四四）が心学道話で町民道徳を説き、安藤昌益（一七〇七〜一七五五）が万人平等の思想を『自然真営道』に著していた。

上記の諸事象は、既存の歴史時代と社会体制を支配する側の思想が支配的であっても、それが隅々全体に浸透しきるものではないこと、さらには、社会の経済構造の変化による創造的道徳の出現を示唆している。人間（の歴史）は、社会の真に意義あるものを次代に残して、未来を創造していく。

このように見てくると、今日も階級的関係が維持されているとすれば、近代国家の確立に伴う法制度や道徳制度が国民に対して公益的普遍性を提示する理由が伺える。国家が主導する道徳観に至っても国民に対する普遍的な価値要素が必要である。階級支配的要素を内包しつつ普遍性を唱えるところに道徳観念についての根本的問題が生まれる。それは階級的社会と近代国家制度の関係に起因する道徳意識における階級的性質と普遍性指向の矛盾として表れ、それらが道徳的観念としての支配的思想を国家機構のもとで公教育に組み入れる際の教育的問題を引き起こす根底にある。

三　学習指導要領の変遷に見る社会観、及び生き方の変成

一　学習指導要領に示す徳目内容の変遷

一九五八年、文部省が小中学校学習指導要領を告示し、「道徳の時間」を設けたことにより戦後の道徳教育が開始した。以降、二〇一七年までに五回の学習指導要領告示（二〇一五年の一部改正を除く）が行われた。その間に、教育基本法改正（二〇〇六年）があり、二〇一五年学習指導要領一

部改正により、「特別の教科 道徳」（以下、道徳科）が教育課程に編成された。

五回の学習指導要領における道徳の指導内容の推移を列記することによって戦後の道徳教育の変遷を示した研究は多く提示されている。ところで、道徳指導における個々の内容項目（それは徳目でもある）がどのように変化してきたかを詳しく論じた研究は見当たらない。僅か約六〇年の学習指導要領改定の期間においても変化していく個々の内容項目を調べると、学習指導要領が求める道徳教育の本質が一層明らかになると考える。

そこで、義務教育課程修了となる中学校学習指導要領 道徳のうち、［道徳の内容］を分析対象にする。五回の学習指導要領を調べると、一九七七年は詰め込み教育反省を伴って一九五八年の内容を整理したものとなっており、一九八九年には心の教育が提唱され、現行の道徳四視点（領域）が提示された時期となっている。総じて、一九五八年の再構成が一九七七年、一九八九年の完結が二〇一七年と概括できる。従って、一九五八年と二〇一七年の間に一九七七年と一九八九年を取り入れて変化を見ることにする。

上記四つの学習指導要領に関して、そこに提示された道徳指導の内容の経年的変遷を系列的に調べるために、二〇一七年 中学校学習指導要領 道徳科の［第二 内容］に示す二二項目のうち、七事項を抽出した。そして、その七事項に適合する内容項目を一九五八年まで辿って整理した（表1）。

表1　学習指導要領に示す徳目（七事項）の変遷

徳目事項＼年度別内容	(a)一九五八年中学校道徳編の内容事項	(b)一九七七年中学校道徳の内容事項	(c)一九八九年中学校道徳の内容事項	(d)二〇一七年中学校道徳の内容事項
(5)真理の探究、創造【二〇一七年中学校道徳より】	常に真理を愛し、理想に向かって進む誠実積極的な生活態度を築いていこう。	真理を愛し、真実を求め、理想の実現を目指して自己の人生を切り開いていく。	真理を愛し、真実を求め、理想の実現を目指して自己の人生を切り開いていくようにする。	真実を大切にし、真理を探究して新しいものを生み出そうと努めること。
(9)相互理解、寛容【二〇一七年中学校道徳より】	他人と意見が食い違う場合には、努めて相手の立場になってみて、建設的に批判する態度を築いていこう。あやまちは素直に認め、失敗にはくじけないようにしよう。また、他人の失敗や不幸には、努めて温かい励ましをおくろう。	自分と異なる考えや立場も尊重し、いろいろなものの見方や考え方があることを理解して、他に学ぶ広い心をもつ。	それぞれの個性や立場を尊重し、いろいろなものの見方や考え方があることを理解して、謙虚に他に学ぶ広い心をもつようにする。	自分の意見や考えを相手に伝えると共に、それぞれの個性や立場を尊重し、いろいろなものの見方や考え方があることを理解し、寛容の心をもって謙虚に他に学び、自らを高めていくこと。
(10)遵法精神、公徳心【二〇一七年中学校道徳より】	正義を愛し、理想の社会の実現に向かって、理性的、平和的な態度で努力していこう。（内容解説：われわれは、制度や法の意義を理解し、公私の別を明らかにして、公共の福祉を重んじ、権利を正しく主張すると共	法の精神と権利・義務の意義を理解し、社会の規律を高めていく。	法の精神を理解し、自他の権利を重んじ義務を確実に履行すると共に、公徳心をもって社会の秩序と規律を高めていくように努力する。	法やきまりの意義を理解し、それらを進んで守ると共に、そのよりよい在り方について考え、自他の権利を大切にし、義務を果たして、規律ある安定した社会の実現に努めること。

	に、義務も確実に果たして、少数者の意見をも尊重し、平和的、合理的方法で、よりよい社会をつくっていくことに力を合わせよう。）			
⑾公正、公平、社会正義【二〇一七年中学校道徳より】	すべての人格を尊敬して、自他の特性が、共に生かされように努めよう。（内容解説：人格とは、人はその根本において、お互いに自由であり平等であるという自覚から生まれたことばである。）※	公私の別をわきまえ、公共の福祉を重んじ、社会連帯の自覚をもって理想の社会の実現に尽くす。	正義を重んじ、だれに対しても公正、公平にし、社会連帯の精神をもって差別や偏見のないよりよい社会の実現に尽くすように努める。	正義と公正さを重んじ、誰に対しても公平に接し、差別や偏見のない社会の実現に努めること。
⒀勤労【二〇一七年中学校道徳より】	お互いに信頼しあい、きまりや約束を守って、集団生活の向上に努めよう。（内容解説：また、各自が勤労の尊さを理解し、勤労を通じて集団生活の向上に努めよう。）	勤労の尊さを知ると共に、真の幸福を目指す充実した生き方を追求する。	勤労の尊さを理解すると共に、社会への奉仕の気持ちを深め、進んで公共の福祉と社会の発展のために尽くすように努める。	勤労の尊さや意義を理解し、将来の生き方について考えを深め、勤労を通じて社会に貢献すること。
㉑感動、畏敬の念【二〇一七年中学校道徳より】	・該当する項目がない。	自然を愛し、美しいものに感動し、崇高なものに素直にこたえる豊かな心をもつ。	自然を愛護し、美しいものに感動する豊かな心をもち、人間の力を超えたものに対する畏敬の念を深めるようにする。	美しいものや気高いものに感動する心をもち、人間の力を超えたものに対する畏敬の念を深めること。

㉒よりよく生きる喜び【二〇一七年中学校道徳より】	真の幸福は何であるかを考え、絶えずこれを求めていこう。	人間として生きることに喜びを見いだし、温かい人間愛の精神を深めていく。	人間には弱さや醜さもあるが、それを克服する強さや気高さがあることを信じて、人間として生きることに喜びを見いだすように努める。	人間には自らの弱さや醜さを克服する強さや気高く生きようとする心があることを理解し、人間として生きることに喜びを見いだすこと。

※厳密に見れば、公正、公平、社会正義に該当する内容事項は見当たらない。

＊上段の先頭に示す番号⑸⑼…㉑㉒、及び徳目の表記は、『中学校学習指導要領（平成二九年告示）解説 道徳編』内、［第三章 道徳科の内容］に示す番号に準拠した。紙幅の制限上、A～Dの四視点のうち、⑸は〈A 主として自分自身に関すること〉、⑼は〈B 主として人との関わりに関すること〉の最後に示された項目を挙げた。⑽⑾⒀は〈C 主として社会や集団との関わりに関すること〉九項目中の上段部三項目を、㉑㉒は〈D 主として生命や自然、崇高なものとの関わりに関すること〉の最後二項目とした。また、(a)(b)(c)の各学習指導要領には徳目名が示されておらず、そこで、二〇一七（平成二九）年の内容項目（徳目）を導きにして、(c)-(b)-(a)と該当する内容項目を遡及していった。

二　内容項目の変遷に見る社会観、及び生き方の変成について（分析）

（一）内容項目（七事項）の個別的分析

(5)　真理の探究、創造

(a)(b)(c)の〈真理を愛し〉は、旧教育基本法第一条（教育の目的）〈教育は人格の完成をめざし、平和的な国家及び社会の形成者として、真理と正義を愛し、…〉を反映したものである。それとは対照的に、(d)の〈真理を探究して〉は、改正教育基本法第二条（教育の目標）の（一）〈幅広い知識と教養を身に付け、真理を求める態度を養い、…〉を反映している。

(a)(b)(c)の〈真理を愛し〉は、そのもとで誠実に自己の人生を切り開き理想の実現を目指そうとしていた。(d)に至って、愛する対象から真理が外れたことになる。そして、科学技術の振興のもとで新しいものを生み出す（ための）真理へと転換した。即ち、人間が真理・真実を求め、それを糧として理想に向かって生きようとする人格的意味が消えている。

(9)　相互理解、寛容

(a)は、建設的批判としての自己主張は相手の立場に立って行い、自らのあやまちや失敗を正すという他者との相互性を想定した内容となっている。(b)(c)は、他者の考えや立場を受け入れることに重点が置かれ、そのための謙虚さと、広い心を求めている。(d)では、寛容の心が加わった。両者が謙虚に向き合い、そこで創造的な会話（意味）を生みだすよりも、それぞれの個性や立場を尊重し、それによって寛容の心を育くむことを目的化しているようだ。

(10)　遵法精神、公徳心

(a)は、（ⅰ）権利を正しく主張する、（ⅱ）義務を確実に果たす、（ⅲ）少数者の意見を尊重する、（ⅳ）平和的、合理的方法で、（ⅴ）よりよい社会をつくることを呼びかける。(b)は、権利を理解し、(c)では、自他の権利を重んじ、(d)では、自他の権利を大切にするように求めている。(a)から(d)へと、徐々に権利を制約しているのが解る。他方で、社会とのかかわりに関して、(a)は、理想の社会の実現に向かって、理性的、平和的な態度を望んでいる。(b)は社会の規律を高めていく、(c)は公徳心をもって社会の秩序と規律を高めていく、(d)では法やきまりを進んで守り、規律ある安定した社会の実現に努めるとして、社会秩序と規律ある社会を目指しているのが解る。

(11) 公正、公平、社会正義

(a)は、自由と平等のもとに人格を据え、実質的な公正と公平を目指そうとする。そして、自他の間に尊敬の念を示そうと呼びかける。続く(b)は、福祉と連帯の自覚をもって理想社会の実現に尽くすとしている。(c)(d)では、個人の見方・考え方に焦点を移して、周りの他者に対して公正、公平に接し、差別や偏見のない社会を目指すという意味での公正、公平、正義を重んじる。そこには、生活現実の中での社会的公平の指標を変更して、人間の〈差別や偏見の観念を排する〉という理念的公平に重点を置く社会が目指されている。

(13) 勤労

(a)での勤労は、学校生活における集団的行動や体験を基盤にして、そこに信頼や約束、集団生活の向上を意味づけて勤労の意義を説いている。(b)は、勤労の尊さを理解して幸福を追求しようとする。(c)は、勤労の尊さへの理解を通じて進んで社会への奉仕と公共の福祉、社会の発展に努め、(d)では勤労を通じて社会に貢献することが、勤労の尊さであるとしている。

生存権、幸福追求権としての勤労の権利／義務（憲法二七条）が、その権利と義務の関係でこそ意義をもつ勤労の義務（概念）を逸脱して、社会奉仕と公共の福祉、社会貢献に資する勤労に意義を与え、勤労を専らの義務に置き換え、憲法二七条の勤労の権利を消し去っている。

(21)　感動、畏敬の念

(a)には感動、畏敬の念に該当する内容項目がない。(b)(c)に示す〈自然を愛（護）し〉が、(d)では見当たらない。(b)の〈崇高なものに素直にこたえる〉が、(c)(d)の〈人間の力を超えたものに対する畏敬の念〉に収まった。

表1内の(d)に関連して、中学校学習指導要領 道徳（二〇一七）の内容項目全体（二二項目）を調べてみた。すると、愛する対象が、(16)郷土を愛し…、(17)国を愛し…の二つに限定されている。一方、(c)までは「愛する」対象にしてきた〈真理を愛し…〉と、〈自然を愛（護）し…〉が、(d)では取り払われた。愛する対象が他に現われたことを連想させる。

(22)　よりよく生きる喜び

(a)の幸福の追求や、(b)の人間愛の精神が消え、(c)(d)には、〈人間には弱さや醜さがある〉という人間性の裏面が示された。そして、人間として生きる喜びは、それらを克服していく強さや気高さを通じて見いだせるとしている。道徳的価値に相当するのかどうか疑問を呼びそうな人間の裏面を提示して、「自己を奮い立たせて」（『学習指導要領解説 特別の教科 道徳編』六九ページ）高い次元に至ろうとする筋立ては弁証法的であるが、そこに当事者が生活現実の充実／向上を見離すと、その際の内的葛藤は観念内を浄化できた喜び（高揚感）に止まってしまう。

（二） 全体考察

(a)の一九五八年「特設道徳」から、(d)の二〇一七年「道徳科」までに約六〇年が経過した。対比してみると、(a)の時期には、「道徳の時間」設置や指導のあり方をめぐる問題が激しく論じられたものの、日本国憲法と旧教育基本法（一九四七）の理念を反映した内容事項を「…いこう」「…しよう」と、呼びかけ（啓発し）ている。他方、二〇一七年の(d)は、上記七項目の文末を「…（する）こと」で統一し、その内容事項の指導を指示している（七項目を含む全二二項目について指示語で結んでいる[17]）。

その指示には、学問と真理の功利主義化、国民が持つ諸権利の制限と法的規制、公正・公平・社会正義の内向化、勤労権の消失が認められる。これらを憲法的基準に照らすと、憲法が表す基本的価値の歪曲を子どもと教師に迫っていると言える。ここに道徳科を単に復古主義だと断じて済ませておけない現実的矛盾が表れている。

表1の内容項目は七項目のみであるが、約六〇年間の学習指導要領変遷に見る分析結果からは、

その他の一五項目についても、憲法的価値基準と照応して検討する必要性を示唆している。

さて、道徳の根本的要請は〈生き方〉である。(d)においても内容項目の最後に、(22)［よりよく生きる喜び］を置いている。また、(d)の(21)(22)は、学習指導要領が示す道徳四視点（領域）内の［D主として生命や自然、崇高なものとの関わりに関すること］の最後の二項目でもある。(22)の(c)(d)内に表された〈人間には弱さや醜さがある〉という非道徳的な人間の裏面を示すことで、(21)感動、畏敬の念の(c)(d)内に示された〈人間の力を超えたものへの畏敬の念〉が引き立ち、それへの美しく気高い価値を付与するというレトリックを駆使している。

人智の及ばぬもの（対象）への畏敬の念は宗教的心情の領域であり、人間の生き方の総体的真実とは言えない。また、人間の非道徳的な内面を取り出して内的葛藤させる成長像（心理主義化）も人間的成長の一契機である。そのような克服と成長が共感を呼ぶとしても、他者との関係性や他者理解を伴わない成長の場合は、自己愛的生き方の［喜び］になる。ここには、人間の〈生き方〉を追い求めるに連れて、社会的関係と社会的現実への認識が薄らいでいくという人間的成長の問題がある。

教育改革言説の常套句は〈変化の激しい先行き不透明な社会を生き抜く力〉である。道徳科が「よりよく生きる喜び」を育めば育むほど、不透明とさえ説く現代社会の認識が一層薄まり、社会的現実から距離を置いた観念的生きがい論に傾斜していく。

四　市民としての道徳性と道徳的認識力を育む道徳教育によせて

一　普遍性への追求課題

前節を受け、特に、その二——（二）全体考察を踏まえ、憲法的基準に依拠して、道徳教育の伸展のために本論を進める。

国語や数学、理科、社会等の各教科は諸科学を足場に持っているので内容の当否・検証は可能である一方、道徳は科学の体系を持っていない。しかし、指導内容に普遍性が保たれていなければ学校教育から除外される。そのような事情から、道徳の内容は時代と社会に適合するように、かつ、妥当であろうと判断（推測）する範囲であっても道徳教育は普遍性を担保しておきたい。

道徳領域における普遍性を考える場合、その普遍性の第一は、いのち（命）である（「人を生み、人をつなぐ」という普遍性。それは、「生物の生きていく原動力、もっとも大切なものである」（広辞苑）。「人間が生きている限り持続している肉体と精神の活動を支える根源の包括的な呼称であり、客観的には有限であるものが、主体的には無限の連続として受け取られるところに特徴が有る」（新明解国語辞典）。いのちは個別・多様であり、自他を分け、意識作用の起点となる。[18] そこに生まれる感情・感性・情緒等が道徳性の情動域を司る。[19] 従って、道徳性探究の一義的課題は、自己内的な喜・怒・哀・悲等の感情や、対人的な応答・共感等の心情が道徳的価値と合致しているかを問うことである。

道徳科の指導は、〈美しいものや気高いもの〉〈人間の力の及ばないもの〉への感動や畏敬の念を喚起して、いのちを超俗空間へと誘う。そして、個々人が生み出す固有の主観的情動作用に依拠して無限（観念）を直観させて、無限世界への撞着を図る。その世界にまで至ると、いのちは無常となり、宗教的人生観が漂う。だが、先述したように、宗教的心情の領域を求めることが人間の生き方の総体的真実とはならない。

第二は、人類が求め続ける平等である〔人、皆、地上を歩く〕という普遍原則。表1内で見ると、(a)一九五八年学習指導要領の「⑾公正、公平、社会正義」に示された内容（この箇所にだけ自由・平等が記されている）に関連している。社会における不平等な現実に挑み、個人の尊重を基礎とする平等観（憲法一三、一四条）へと広げる営みが、憲法が求める不断の努力（第一二条）であり、その倫理的努力は道徳的行為に通じる。

ちなみに、社会的な平等を希求する主要な焦点は、社会全体の労働を介した生産活動と、そこから生まれる生産物に対していかに社会的な平等を築いていくかにある。人類は普遍性をかかげて格差と貧困の拡大という不平等の現実を放置しないだろう。差別や偏見を克服するという平等の理念的努力に増して、社会的平等を追求する努力は科学的な認識と行動力を要する。

第三には、自由である〔私の主人は私〕という主体原理。その自由享受の前提として国民主権がある。憲法前文は〈…これは人類普遍の原理であり、この憲法は、かかる原理に基づくものである〉と、天賦人権の自由思想を示す。human rights（人権）の right は、正当、公正、当たり前を意味する。道徳が求める普遍性に憲法的基準を採った所以でもある。〔私の主人は私〕という個人の尊重と自己実現を保障する自由には、選択自由（～をする自由）、目的自由（～への自由）、共同自由（～との自由）が重要である。

道徳における普遍性の担保に自由を設けることによって、道徳教育の可能性も広がっていくと考えるが、学習指導要領が示す自由は、責任を伴う〈責任ある自由〉として、社会的諸自由を自己内で調整させようとする。加えて、一九五八年中学校道徳以降、すべての学習指導要領に挙げる〈日本人としての自覚〉は、子どもに〈日本人〉を意識化させ、個人としての主体を抽象的な主体〈日本人〉へと転じさせていき、個人の道徳的価値判断や行動の際に、〈日本人としての自覚〉という価値基準や行動基準を持つことになる。学習指導要領（公教育）はこの文言を握って離そうとしない。

二　社会、歴史の進歩と結ぶ道徳性

自然科学は意識、目的、価値を持たない事象を対象とするから科学になり、そこでは真理も解明できる。それに対し、社会科学は価値と意味に従う人間の行動総体を対象にするから、科学にはなり得ず、社会多様性の前には真理も法則性もない。だから、時代と社会の未来は予測できないという社会観が広がっている。今日の社会が、〈変化の激しい先行き不透明な〉時代と形容されているのも、そのような認識論上の理由を持っている。この認識論理が社会不可知論である[20]。その不可知論の土壌に、「価値観の多様性と多様な人生」「自己選択と自己責任」という多様化主義のイデオロギーを並べると、社会に対する科学的（客観的・論理的・法則的）認識は薄まり、無用でもある。

自然は規則的継続的に運動するのに対して、社会は人間の意識と理由、目的、価値観が織り込まれた（偶然的）運動である。物質は運動し、事物は変化する。科学は、それが対象とする事物の真理を探究し、それら（事物の構造／運動）を体系化する。概ね、自然科学は因果法則を、社会科学は発展法則を解明しようとする。自然科学に遅れて社会科学が歴史上発展してきたのは、社会事象（という対象）の運動形態には先のような偶然的諸契機に加えて経済的要素や地勢的民族的要因が合成して多様な運動形態が現われ、その複雑な偶然性を貫く法則性を解明できるだけの歴史時間（歴史事実の蓄積）を要したからである。

社会の進歩と発展における諸科学（技術）の貢献は甚大である。人類は先人の到達を受け継いで諸科学を発展させてきた。特に、歴史法則の解明には社会諸科学の歴史的継承と、他方で、社会的実践―社会的検証―社会的継承の蓄積が必要であった。今日の時代では、諸科学の伸展と社会的実践は相補的に連携して検証されて来ている。そこに、社会諸科学が解明を進める歴史的一般的な「人間（個人）」を、「自己」の側が歴史を一身に引き受けて、「人間（個人）と自己」の統一した姿を実践的に検証しようとする道徳的実践探究の途が開かれていく。

三　道徳（教育）における思惟と行動の検証

中学校学習指導要領によれば、道徳科は、「よりよく生きるための基盤となる道徳性を養うため、道徳的諸価値についての理解を基に、自己を見つめ、物事を広い視野から多面的・多角的に考え、人間としての生き方についての考えを深める学習を通して、道徳的な判断力、及び心情、実践意欲・態度を育てる」（第三章 特別の教科 道徳 第一 目標）とある。

それに従うと、道徳科は、道徳的価値への理解を必要とし、それへの認識は必要条件に含めない。理解は「物事に接して、それが何であるか（を意味するか）正しく判断する」ことであり、認識は「物事の本質を十分に理解し、その物と他の物とをはっきり見分ける」思考である。つまり、学習指導要領は道徳的価値に対する理解の段階に留めている。また、道徳科と道徳指導は判断力・心情の妥当性や意志の格率に多くの関心を払い、それらに道徳的価値を付与するが、それに伴う行動結果が道徳的価値に照らしてどうであったかという〝検証〟に向かおうとしない。そこまでを道徳の領域にすると、イデア的に設定した普遍的価値と、行動結果として発生する現実的な利害得失との矛盾を調整する必要も生じるからであろう。

戸坂潤（一九〇〇〜一九四五）は、科学的精神こそ普遍的精神であるとして、道徳的実践を検証するあり方を科学的道徳と論じた。[21] 科学的思考とその認識力（科学的精神）に基づく道徳性は、道徳的な判断や行動に対して論理性と実証性を用いて、思惟と行為、価値と事実、現象と本質、行動と結果等の総合的探究に進む。

また、ルソーは道徳的行為の〝検証〟を社会や政治との関係のもとに求めている。「社会は人間によって、人間は社会によって研究しなければならない。政治と道徳とを別々に取り扱おうとする者は、そのどちらをも全く知らないであろう[22]」。社会と個人を分離した道徳は、個人の社会的あり方を曇らせる。

道徳性の検証において、自らを〈自身の中に社会を認め、社会の中で自身を観る〉というあり方や思考態度は、人間と社会の現実（や諸課題）への認識を深めていく。

四　〈よりよく生きる〉を目指す道徳と社会の関係

道徳的判断・心情・意欲としての〈よりよく生きる〉ことは個人の価値選択行為であり、それを社会（外側）から指示されていては道徳の自律性が成り立たない。学習指導要領も、よりよい生き方とよりよい社会のあり方を接合しようと「細心」の留意を傾ける。

さて、人間が道徳的価値を理解して道徳的な実践をしたとして、それを社会の側から見ると、それはひとつの社会的行為であり、より広義に見ると歴史的行動である。社会と歴史は人間の意識活動や情緒性を伴って、（従って）道徳的実践も社会的行為に包括して客観的に展開していく。それらの行為／行動が凝集された現存の社会には、地球温暖化や環境汚染が広がり、多様な労働形態と収奪、人間性の商品化と疎外、巧妙な分断と管理統制が浸透している。このような社会構造の中で生活しているのを認識できずに、（只々）個人の選択行為の延長線上の「社会」を生きていくならば、現実社会に放逐され漂流する人生になりかねない。また、個人内の選択行為として〈よりよく生きる〉人生のあり方や思考方法は、自己の観念世界を軸にして成立するから、国民各層の棲み分けには有用である。[23]

道徳における認識力の深化／発展を「道徳的認識力」と定義してみる。道徳教育の下で、よりよい生き方の本質に迫る実践提起として、荒木寿友は、その一指標に〈道徳的価値自体を問う教育実践〉を置いている。[24]その思考活動のもとで普遍性を検討し、道徳的認識力を深める「考え、議論する」道徳教育は、子どもに科学的な見方・考え方を促し、このような認識力の根を養えば年月を経て賢明な市民となり、社会に共有されていくと考える。

注

（1）藤森毅『教師増員論』新日本出版社、二〇二一年、三六～一三一ページ。
藤森によると、教員の慢性的な長時間過密労働について、（i）切りつめられた教員定数、（ii）「教育改革」の累積などによる業務の肥大化、（iii）「定額働かせ放題」を強いる略称「給特法」のくびきが、その原因である。

（2）渡部昇一監修『国民の修身 高学年用』産経新聞出版、二〇一三年、七ページ。

（3）渡部昇一監修『国民の修身』産経新聞出版、二〇一二年、一九ページ。

（4）安井勝・山岡雅博「科学的認識に基づいた道徳教育に関する考察―文部科学省『私たちの道徳』における、主として集団や社会とのかかわりに関する領域の「読み物」分析を通して―」『立命館教職教育研究 第三号』二〇一六年、四三～五三ページ。
そこで論じた〈教育全体の道徳主義（道徳主義教育）〉に関して、『世界 No. 914』（岩波書店、二〇一八年一一月）では、【〈道徳化〉する学校】を主題として特集を組んでいる。

（5）佐藤広美『「誇示」する教科書』新日本出版社、二〇一九年、一二四～一六一ページ。

（6）滝川一廣『子どものための精神医学』医学書院、二〇一七年、三八～四一ページ。
「アヴェロンの野生児」である。推定年齢一二歳の全裸少年は、ウサギの素早さで走り、リスの身軽さで木に登って実を食べ、火を通した物は食べようとせず、服を着せても脱ぎ捨てたという。後に、聾学校の専属医の教育により、身ぶりでのコミュニケーションや、単純な文字と事物の一致、わずかながらの書字によるコミュニケーションを覚えていった。

（7）吉田裕『日本軍兵士―アジア・太平洋戦争の現実』中公新書、二〇一七年、二七～八〇ページ。そこには、戦時下で死にゆく兵士たちの無残な実態が収録されている。特に、絶望的抗戦期の日本軍が、各所で自軍兵士を殺害、食糧強奪、人肉食していたことが従軍医らによって証言されている。正に「こころのよくてころさぬにはあらず」（歎異抄）である。

（8）清水將之『子どもの精神医学ハンドブック 第二版』日本標準、二〇一〇年、三〇～三五ページ。清水によると、出生時の第一声（泣き声）や天使の微笑も、それまでの母子の応答関係を土台にして準備されていた。

（9）広辞苑の道徳の定義に照らせば、〈善と悪を意識する〉に至る対立・調和の人間関係が集団や社会内に存することが道徳成立の前提となる。そのアニミズム的な道徳の原始状態は、その後の道徳に転化する際の社会形態の変化を示唆している。

（10）本稿の歴史諸事実は、『詳説世界史B』『詳説日本史B』（山川出版、二〇一八年版）を出典とし、その歴史へ史的唯物論の観点から道徳意識の起源と生成を編み入れた。

（11）斎藤貴男『「心」と「国策」の内幕』ちくま文庫、二〇一一年、二二六～二二八ページ。道徳補助教材『心のノート』（二〇〇二年発行）を中心的に担った押谷由夫は、その編成意図について、斎藤のインタビューに答えて「社会革命というか、要するに社会の基盤作りというのでしょうか。アメリカでも道徳教育は重視されています。なぜなら道徳は、ある意味で社会の安定、秩序を保ちます。……やっぱり社会を維持発展させていく上で大切な価値というのはあるのではないか。それを共有化させていくことは、日本国民にとっても大切なことではないですか。心の教育、道徳教育は、国の根幹に関わる問題なんです。子どもだけの問題じゃないんです」と、端的に説いている。

(12) J・J・ルソー『エミール』永杉喜輔・押村文好他訳、玉川大学出版部、一九八二年、二五四ページ。その論は、彼の『人間不平等起原論』と同じくしている。

(13) マルクス／エンゲルス『ドイツ・イデオロギー』廣松渉編訳、岩波文庫、二〇〇二年、一一〇〜一一一ページ。

(14) エンゲルス『反デューリング論 一』村田陽一訳、大月書店、一九五五年、一四四ページ。道徳の階級的性質に関する国内の著述としては、次の三点を挙げる。戸坂潤「道徳の観念」『戸坂潤全集第四巻』勁草書房、一九六六年。柳田謙十郎「倫理学」『柳田謙十郎著作集六』創文社、一九六七年。川合章「民主的道徳教育」『人格の発達と道徳教育』青木書店、一九七九年。戸坂は戦前の哲学者で、治安維持法の廉（かど）で投獄され、終戦を間近にして獄死（一九四五）した。

(15) 家永三郎『日本道徳思想史』岩波全書、一九五四年、一六三〜二〇七ページ。家永は、次のように町人思想を例示している。「刀差すか差さぬか、侍も町人も客は客。なんぼ差いても五本六本は差すまいし、よう差いて刀脇差たった二本」（近松「心中天網島」）「侍とても貴からず町人とても賤しからず、貴いものは此の胸一つ」（夕霧阿波鳴門）。このように、四民平等の主張がはっきりと表れていると述べる。

(16) 若尾政希『百姓一揆』岩波新書、二〇一八年、二〇二〜二〇三ページ。

(17) 道徳の教化主義（批判）を避けようとして、「考え、議論する道徳」授業を強調するのだが、既に今日の授業技術はその到達点にある。『中学校学習指導要領解説 特別の教科 道徳編』は、道徳的価値理解と道徳性育成に向けて「物事を多面的・多角的に考え」（一五ページ）させ、「多様な指導を工夫する」（二二ページ）ように求める。ところで、社会のもとにある「多様な価値観」の存在を是認するが、（二二項目以外にもある）「多様な道徳的価値」の存在については示唆していない。むしろ、「全ての内容項目について適切に指導しなければならない」（二〇ページ）と規定し、「全ての内容項目が調和的に関わり合いながら、生徒の道徳性が養われるように」（二一ページ）と、二二項目の内面化（定着）を指示している。

(18) 大田堯『歩きながら考える　生命・人間・子育て』一ツ橋書房、二〇〇〇年、六二〜八二ページ。大田は、「生命とは何か」との問いを設定し、生命の特徴を三点に説いた。（ⅰ）多様性：一人ひとり違うこと、（ⅱ）自己創出力：自ら変わること、（ⅲ）関係性：かかわり合うこと。（ⅰ）と（ⅲ）が本論文に関連している。

(19) 佐貫浩『道徳性の教育をどう進めるか』新日本出版社、二〇一五年、一五六〜一六一ページ。佐貫によると、道徳性は二つの層で構成される。この領域を〈第一の層：自らの人格の存在についての感覚に直接結びついた道徳性の層〉とし、〈第二の層〉は、社会的な規範、正義観念としての道徳的な判断力の層である。筆者は、その〈第一の層〉を道徳性の情動域とした。この情動域もアープリオリな生成結果ではない。貨幣の人格化、人格の商品化、利潤優先、消費志向の生活様式が、人間の情動作用に影響を及ぼしている。

(20) その歴史認識不可知論を説く主因は、自然科学の到達を技術発展と生産力増強の「果実」に結び、人文科学と社会科学分野は真理なき価値論の世界で敷き詰めて歴史認識を希薄化する。ひいては、多様な価値観を流布して多様な選択を促し（市場化）、各人の生き方を私事化して、それを合理化するところにある。

（21）戸坂潤『戸坂潤全集 第四巻』勁草書房、一九六六年、六四、三〇八ページ。戦前の道徳に対抗して、「新しい道徳は、習俗の非合理性を決算し、心情の非実際性を淘汰することによらなければ、決して育っていくことはできないであろう。云わばマテリアリスティックな道徳が、合理的で且つ実際的な道徳が、その意味で科学的な道徳が、今後の唯一のモーラリティーとして世間の人達の身に着き始める時が来るだろうと期待する」と予測した。

（22）前掲書（12）二五三ページ。

（23）堀尾輝久「国家・社会・教育構造の変化と教育理念の危機」『日本の科学者』Vol.54 No.1 通巻六一二号、本の泉社、二〇一九年、四〜九ページ。この点に関して「新自由主義の能力主義と競争主義は社会の格差化を必然化し、幼児教育から高等教育までの制度の多様化が進む。その中でグローバル人材の少数エリートの教育と中間層の確保と、脱力化・孤立化する大衆の愛国心による統合の政策が求められる。ポピュリズムともいうべき大衆動員がレジームの安全のために不可欠である」（九ページ）と、格差化と多様化の関係、及び愛国心教育の政策的背景要因を指摘している。

（24）荒木寿友「道徳教育における内容項目と教材」荒木寿友・藤井基貴編著『新しい教職教育講座 道徳教育』ミネルヴァ書房、二〇一九年、一〇〇、一〇一ページ。荒木は、道徳的認識を深めていく論題として、「・道徳的価値には多様な解釈が成立すること、・そうすることがよいと考えているにもかかわらず、そうすることができないのはなぜかということ、・道徳的価値がなぜよいとされているのかということ、・そもそも道徳的価値は何を意味しているのかということ」の四点を挙げている。

ここで、上掲（17）での「物事を多面的・多角的に考え」させる学習指導要領は、道徳的価値を「様々な角度から総合的に考察すること」（一七ページ）を促すが、多様な意味の成立は受容していないことを気づかせる。

第二章　憲法改正論議に見る道徳的問題

一　憲法改正論議と自民党憲法改正草案

一　憲法改正を最大目標とする日本会議

二〇一二年四月、自民党（当時の総裁は谷垣禎一氏）は「日本国憲法改正草案」を決定した（以下、「草案」と表記）。同党は、それを一般国民向けに解説した「日本国憲法改正草案Q＆A」を発表（二〇一三年一〇月）した（以下、「Q＆A」と表記）。

「草案」と共振関係にあるのが、後で詳しく辿る日本会議の「新しい時代にふさわしい新憲法の制定」という活動方針である。日本会議の一機構である国会議員懇談会に参加する議員が、二〇〇〇年代以降の国政選挙の度に増加し、約二八〇人前後で推移していて、ほとんどが自民党議員である。

二〇二一年一一月の衆議院選挙結果で憲法改正に向けた議員の構成比が確認されるやいなや、

憲法制度調査会が動き出し、自民党は「憲法改正推進本部」を改称して「憲法改正実現本部」を発足させた。その役員体制には、日本会議国会議員懇談会（日本会議議連）の中枢メンバーがそのまま陣取った。具体的には、本部長に就任した古屋圭司は、日本会議議連の会長、事務総長に就いた新藤義孝は議連副会長である。最高顧問に就いた安倍晋三と麻生太郎は議連の特別顧問を、実現本部顧問に就任した衛藤晟一は議連幹事長を務めている。また、実現本部副本部長には加藤勝信、西村康稔、柴山昌彦、有村治子など、議連役員が並んでいる。

安倍晋三元首相は、二〇二一年一二月一五日、東京都内で講演し、政府が補正予算で計上している敵基地攻撃能力の保有について「最低限の打撃力は検討すべきではないか」と訴えた。日本が攻撃を受け、アメリカに反撃を依頼した場合、「『米国の若者だけが危険を冒さなければいけないのか』ということに必ず直面する」と指摘し、「（米軍の戦闘機が）一〇機行ったら（日本も）一機一緒に行けるぐらいでなければ同盟として機能しない」とも語った。彼の発言には日本国憲法改正、特に憲法九条改正の執念が波打っていた。二〇二二年七月の参院選で凶弾に倒れた安倍氏は、第三次安倍内閣を密かに目論んでいると政界周辺でささやかれていた。

また安倍氏は、敵基地攻撃能力の保有に関して、全面的戦争を想定したかのような文章を日本会議の機関誌に載せていた。

「敵基地だけに限定せず、『抑止力』として打撃力を持つ。……、反撃能力によって相手を殲滅

していけるよう、打撃力、反撃能力として行使できるように……」（日本青年協議会機関誌『祖国と青年』二〇二三年一月号より）

政界に余りあるほどの影響力を与えて来ている日本会議について、日本のメディアは必要な注意を払ってこなかった。従って、一般社会でも存在を知っている国民は少なく、教育に携わる人々には馴染がない。だが、この政治勢力の動向を把握すると、現在の学校教育、特に道徳教育に強い関連と影響を及ぼしていることが見えてくる。

二　「日本会議の正体」

ジャーナリストの青木理は『日本会議の正体』（平凡社新書、二〇一六年）で、日本会議の憲法改正にかける執念を詳しく論じている。今日の憲法改正論議に関する政治的潮流の背後を正確に捉え可視化しているので、その概要を記していく。

（1）日本会議の結成

日本会議は一九九七年五月三〇日、いずれも有力な右派団体として知られた二つの組織―「日本を守る国民会議」と「日本を守る会」が合流して結成された。前者の「日本を守る国民会議」は、いわゆる「元号法制化運動」などに取り組んだ団体を発展改組する形で一九八一年に誕生した。後者の「日本を守る会」は一九七四年、主に右派系宗教団体が中心となってつくられた。その合流は、戦後日本における右派系の政治家、学者、文化人、財界人等に加え、信者も資金も豊富な宗教団体が大同団結する形で発足したことを意味する。

（2）日本会議の組織特性

日本会議の実務的、あるいは理論的な中枢には、戦後日本の右派運動を支えた新興宗教・生長の家に出自を持つ者たちが多く就き、今も地道な活動展開や理論構築の駆動力になっている。ただ、それを動員面、資金面、そして影響力などの面で強力に支えているのが神社本庁を頂点とする神社界であり、これにいくつもの新興宗教団体による側面支援も加わっている。

日本会議やその別働隊が各地で催す様々な集会には、そうした宗教団体や神社界が相当数の参加者を動員し、政治的なアピール力を高めるのに大きく貢献している。また、集会やイベントなどには相当額の資金を提供し、「改憲賛成」の署名集めなどにも組織をあげて協力している。もちろん実際には神社によって温度差はあり、公然と協力している神社が仮に一割程度だとしても、全国に八万社を超える神社界のパワーは侮れない。

彼ら、彼女らは、現行憲法やそれに象徴される戦後体制を露骨に嫌悪し、これをなんとしても突き崩したいと願い、宗教的出自から生じがちだった小異を捨てて大同につき、日本会議という政治集団に結集した。そうした実態を踏まえると、日本会議とは、表面的な〝顔〟としては右派系の著名文化人、財界人、学者らを押し立ててはいるものの、実態は「宗教右派団体」に近い政治集団だと断ずるべきなのだろう。そこに通奏低音のように流れているのは戦前体制―すなわち天皇中心の国家体制への回帰願望である。

（3）〝草の根運動〟の軌跡

日本会議とその前身の右派組織が何を最も重視し、どのような運動に熱をあげるか、言い換えるなら、何が彼らの〝琴線に触れるテーマ〟なのか。

なによりもまずは①天皇、皇室、天皇制の護持とその崇敬、続いては②現行憲法とそれに象徴される戦後体制の打破、そして、これに付随するものとして③「愛国的」な教育の推進、④「伝統的」な家族観の固守、⑤「自虐的」な歴史観の否定。ここから派生した別のテーマに取り組むことはあっても、やはり核心的な運動対象は以上の五点に集約されるといっていいだろう。

以下、五つのテーマに集約される〝草の根〟「国民運動」を時系列であげていく。

紀元節の復活ないし建国記念日の確立を求める運動（一九五一〜一九六六）

建国記念日運動と元号法制化運動（一九六八〜一九七九）

政府主催「憲法記念式典」糾弾（一九七六）
自民党新綱領反対運動（一九八五）
『新編日本史』編纂運動（一九八五～一九八六）
建国記念日式典の独自開催（一九八八）
昭和天皇死去と今上天皇即位にかかわる運動（一九八九～一九九〇）
「新憲法」制定への大綱づくり（一九九一～）
天皇訪中反対運動（一九九二）
戦後五〇年国会決議などへの反対運動（一九九四～一九九五）
選択的夫婦別姓制度への反対運動（一九九六～）
国旗国歌法の制定運動（一九九九）
外国人の地方参政権反対運動（一九九九～）
「二一世紀の日本と憲法」有識者懇談会（＝民間憲法臨調）の設立（二〇〇一）
首相の靖国参拝支持と「国立追悼施設」計画への反対運動（二〇〇一～二〇〇二）
教育基本法の改正運動（二〇〇〇～二〇〇六）
女系天皇容認の皇室典範改正反対運動（二〇〇五～二〇〇六）
第一次安倍政権の誕生と改正教育基本法などの成立へ（二〇〇六～）

（4）改憲へ向けて押される最後のスイッチ

第一次に続く第二次安倍政権に対して、日本会議をはじめとする日本の右派組織は、憲法改正という悲願の実現に向けた千載一遇のチャンスだと捉えていた。このまま一気に改憲へ持っていきたいと、真剣に考えた。「美しい日本の憲法をつくる国民の会」が設立されたのは二〇一四年一〇月一日。同日、それに先立つ設立総会で、櫻井よしこらが壇上で改憲を訴え、第二次安倍政権で首相補佐官に就いた生長の家学生会全国総連合（生学連）出身の参議院議員・衛藤晟一は次のようにエールを送った。

「安倍晋三内閣は憲法改正のために成立した。最後のスイッチが押されるときがきた」

その安倍が政界右派のサラブレッドとして脚光を浴び、政界の階段を一気に駆け上がっていくまでの途次、宗教心などを背景にする筋金入りの右派が安倍に接近し、〝ブレーン〟や〝兄貴分〟として周囲をがっちり固めていった。かつては生学連の活動家だった参議院議員の衛藤晟一、日本政策研究センターの伊藤哲夫などは代表格である。つまり、「上から」の権力行使で「戦後体制を打破」しようと呼号する安倍政権と、「下から」の〝草の根運動〟で「戦後体制を打破」しようと執拗な運動を繰り広げてきた日本会議に集う人々が、戦後初めて車の両輪として揃い、互いに作用し合いながら悲願の実現へと突き進んでいた。

三　自民党による「日本国憲法改正草案」

「上から」の権力と「下から」の運動が共振する政治状況のもとで、自民党が提唱する「草案」は、どのような内容であり、そこにどのような意図が込められているのか。

法学館憲法研究所所長の伊藤真は、「草案」と「Q＆A」が公表された当時、憲法改正勢力の国会に占める議席構成に危機感を持ち、日本の将来に悔いのない選択を国民に願って、緊急・警告の書『憲法は誰のもの？　自民党改憲案の検証』（岩波ブックレット、二〇一三年）を上梓した。伊藤は、「草案」には、立憲主義をはじめとする現行憲法の基本を骨抜きにする多くの問題点が含まれていると見抜き、それを四点に集約している。

伊藤の著書に基づいて、以下に四つの主要な論点を記していく。

（1）立憲主義の放棄

「草案」の前文は、五段で構成されている。それは、前文以降の第一条から第一〇二条を統括するものとしての前文である。前文の性格を端的に言えば、「個人の人権を守るために国家を縛る憲法」（つまり、立憲主義）から「為政者が国民を支配するための道具としての憲法」に変質させる構文となっている。

第一段
日本国は、長い歴史と固有の文化を持ち、国民統合の象徴である天皇を戴く国家であって、国民主権の下、立法、行政及び司法の三権分立に基づいて統治される。
第二段
我が国は、先の大戦による荒廃や幾多の大災害を乗り越えて発展し、今や国際社会において重要な地位を占めており、平和主義の下、諸外国との友好関係を増進し、世界の平和と繁栄に貢献する。
第三段
日本国民は、国と郷土を誇りと気概を持って自ら守り、基本的人権を尊重するとともに、和を尊び、家族や社会全体が互いに助け合って国家を形成する。
第四段
我々は、自由と規律を重んじ、美しい国土と自然環境を守りつつ、教育や科学技術を振興し、活力ある経済活動を通じて国を成長させる。
第五段
日本国民は、良き伝統と我々の国家を末永く子孫に継承するために、ここに、この憲法を制定する。

第一段では、日本が長い歴史と固有の文化を持ち、天皇を戴く国であることを宣言している。現行憲法にはない「国体ないし国の形」をあえて示した趣旨は、「前文は、我が国の歴史・伝統・文化をふまえた文章であるべき」（「Q＆A」五ページ）という考えに基づいている。しかし、特定の歴史・伝統・文化は、価値観や評価が個々人で異なるため、それを憲法に書き込むと国民の間に対立が生じて、国民統合の機能を果たさなくなる。憲法上で万人が共有できる価値は人権保障である。国民主権や三権分立という言葉はあるが、なにより、日本の国の根本的なあり方を「長い歴史と固有の文化」に基づく「天皇を戴く国家」としている。「戴く」とは「頭上におしいただく」（大辞泉）の意味で、「もらう」の最上級の謙譲表現である。

第二段は、現行憲法の要諦を占める不戦平和と平和的生存権を破棄したものである。現行憲法前文は「政府の行為によって再び戦争の惨禍が起ることのないやうに」と、国民の不戦の決意を示し、同時に「日本国民は、恒久の平和を念願し、人間相互の関係を支配する崇高な理念を深く自覚するのであって、平和を愛する諸国民の公正と信義に信頼して、われらの安全と生存を保持しようと決意した」と、国際協調による平和構築をうたっている。ところが、「草案」は、この「平和を愛する諸国民の公正と信義に信頼」という規定を「ユートピア的発想による自衛権の放棄」（「Q＆A」より）と問題化して切り捨てている。「ユートピア的」などとして攻撃している憲法の基本原理こそ、人類が二度の大戦を経て確立した「普遍の原理」にほかならない。

第三段は、「基本的人権を尊重する」ことを、国ではなく国民に求めているが、憲法上では人権尊重を求められるのは国であり国民ではない。また、「国と郷土を誇りと気概を持って自ら守り」「和を尊び、……互いに助け合って」「国家を形成する」ことを日本国民に求める。国民に国防義務を課し、「和を尊ぶ」や「助け合う」というモラルを書き入れ、それらによって「国家を形成する」という構文は、国家（のため）に日本国民は従属することを意味する。

第四段は、第三段を引き受けて「我々」を主語に置くことによって、「…を通じて国を成長させる」ことを義務化している。国の成長のために「我々」が在る。「…を通じて」の「…」は、〈自らを律し、国土と自然を守り、勤勉に励み、誠実に勤労して〉を意味し、言い換えれば〈公徳の人たれ〉と唱えている。

第五段は、天皇中心の「伝統」と「国家」の継承を憲法制定の根本目的とする宣明である。重大なことは、「長い歴史」「固有の文化」「良き伝統」と「国家」を結合して、戦前との継続性を唱え、「国家を末永く子孫に継承するため、ここに、この憲法を制定する」とした国家優先の発想である。

現行憲法の前文は「日本国民は、正当に選挙された国会における代表者を通じて行動し、…政府の行為によって再び戦争の惨禍が起ることのないやうにすることを決意し、ここに主権が国民に存することを宣言し、この憲法を確定する」という一文から始まる。ここには、主権在民の原理を表明し、それを代表を通じて行使する代表制民主主義、そして戦争の惨禍から国民を守ろうとする決意の表明がある。国民が主体となって憲法を制定し、国家権力を制限するという立場が明示されている。

日本国憲法のように、人権保障のために憲法によって権力を制限する（立憲主義）ことが近代憲法の本来の目的である。つまり、国民が権力を縛るための命令が憲法なのである。ところが「草案」は、〝天皇中心の国〟を継承するために、国を統治することを目的にしており、憲法の意味を逆転させている。

(2) 平和主義から戦争ができる国へ

「草案」の二章（第九条）は、現行憲法の「戦争の放棄」を変更して「安全保障」としている。九条一項は、「…国権の発動としての戦争を放棄し…」とするが、その二項では、「自衛権の発動を妨げるものではない」と、交戦権否認を否定した。そこで、九条の二は「国防軍」という軍隊の保持を明示し、戦力不保持も放棄した。この点について、「Q＆A」は、「主権国家の自然権（当然持っている権利）として「自衛権」を明示的に規定したもの」であり、「「自衛権」には国連憲章が認めている個別的自衛権や集団的自衛権が含まれていることは、言うまでもありません」としている（「Q＆A」一〇ページ）。

集団的自衛権は、前々からアメリカが日本に要求していたものである。アメリカは、自国だけでなく日本の若者にも是非協力してほしいと考えている。それこそが〝Boots on the ground〟つまり、それは「金だけでなく血も流せ」という意味なのである。そうだとすると、集団的自衛権を認めることは、日本の若者をアメリカ軍の傭兵に差し出すということである。

「草案」は、一八条二項で「意に反する苦役」に服させられないことを認めているものの、「国防軍」という軍隊を創設し、前文の三段で国民に国防義務を課し、すべての人権は公益に反してはいけないとされている（「草案」一二条）。すると、〈憲法が認めた国防軍を維持する必要があり、国民にも国を守る義務がある。国防は最大の公益だから、徴兵制は許される〉と言うであろうし、可能なのである。

さらに、国防軍は「公の秩序を維持し、又は国民の生命若しくは自由を求めるための活動」をも担うことが明記されている（九条の二の三項）。公安・治安活動を認める規定であり、時の政府が「公益及び公の秩序」を害すると判断すれば、国防軍で制圧できることにしている。軍隊は決して国民を守る組織ではなく、国家を守る組織であることは肝に命じておくべきである。

「草案」は、二章の安全保障の最後に、国民に領土・資源確保義務を課している。即ち、「国は、主権と独立を守るため、国民と協力して、領土、領海及び領空を保全し、その資源を確保しなければならない」（九条の三）というものである。

総じて、戦争の放棄を変更して設定した安全保障（の概念）は、「人間の安全保障」から「国家の安全保障」へと退化・転換させてしまっている。

また、「草案」は第九章を起こして「緊急事態」を置き、国の緊急権を明記する。緊急事態が宣言されると、内閣・行政に国家の権限が集中され、法律でしかできない規制を国会の事前承認なしに、内閣の一存で定めることができる（九九条一項）。軍隊を持つ国の憲法には緊急権があるのが普通で、その意味で緊急権は戦争と一体のものである。

（3）天皇の元首化と国民主権の後退

「草案」第一章（第一条〜第八条）の天皇条項では、「天皇は、日本国の元首」と明記（一条）し、対外的に国を代表する位置づけにした。また、国事行為のほかに新たに「公的な行為を行う」として役割を拡大させている（六条五項）。それどころか、この「公的な行為」には六条四項で求められる内閣の進言が不要なので民主的な歯止めがかからない。さらに一〇二条では、憲法尊重擁護義務の主体から天皇・摂政を外し、憲法に拘束されないことを明確にしている。そのような規定措置は、天皇の権能を利用して政治的権力が圧政を布く危険を現実化し得ることを示唆している。

「国旗は日章旗とし、国歌は君が代とする」（三条）とし、「日本国民は、国旗及び国歌を尊重しなければならない」（三条二項）と、国民に国旗・国歌の尊重を強制する。元号規定を創設して皇位の継承にともない新たな元号を制定するとした（四条）。この義務規定に基づくと、「国旗損壊罪」のような犯罪類型を法律で定めたり、祝日の国旗掲揚義務を法定することも容易になる。

現行憲法は、公務員の憲法尊重擁護義務を明示しているが、国民にはその義務は課されていない。「草案」は、憲法尊重擁護義務の主体から天皇・摂政を外す一方で、「全て国民は、この憲法を尊重しなければならない」（一〇二条）と、国民の憲法尊重擁護義務を課すのである。現行憲法では絶対にできないことを可能にしようとしていることを忘れてはならない。

現行憲法が宣言する国民主権とは、国を動かす力が天皇ではなく国民にあるということである。従って、天皇の地位は、神勅ではなく、国民の総意に基づくこととされた（一条）。神ではなくなった天皇は国家権力を持つ根拠を失ったので、形式的・儀礼的な国事行為しかできなくなった（四条）。

だが、「草案」一条が定める「象徴」は、「日本の象徴（代表）としての役割を積極的に果たしていく」天皇像を描いている。

（4）人権の縮小と義務の拡大

●人権の上位にある「公益及び公の秩序」

「草案」は、第三章（第十条～第四十条）に「国民の権利及び義務」を置く。人権条項で最も注目すべきは一二条で、そこでは〈国民の責務〉と題して「…自由及び権利には責任及び義務が伴うことを自覚し、常に公益及び公の秩序に反してはならない」と定めている。

現行憲法が人権を制約する根拠は「公共の福祉」であるが、「草案」はこれを「公益及び公の秩序」に置き換えている。「Q&A」は「これにより人権が大きく制約されるものではありません」としているが、これは単なる言葉の置き換えではない。「公共の福祉」とは、〝public welfare〟であり、publicとは〈人々の集まり〉を意味する。従って、公共の福祉による人権制約とは、あくまでも「多くの人たちの福祉のため」とか、「各々の人の幸せのため」に、ある個人が人権を制約され得るという意味である。これに対して「公益」は、〝national interest〟「国益」につながる。そこには個々の人々の利益と関連しないものも含まれる。そういう国益に反しない範囲で人権を保障するのであるから、国民の人権は国益よりも低い価値しか認められていないのである。

「草案」は「公益」のほかに「公の秩序」に反する人権の行使も認めていない。また、どういう場合に「公の秩序」が害されたと判断するかは、国家権力の中枢に関わる層が思い描く社会や価値観が指標になるので、それらの押しつけになっていく。

このように一二条は、「公共の福祉」を言い換えただけではなく、国益や社会の混乱回避という漠然とした理由で人権を大幅に制限することを視野に入れていると考えておく必要がある。

●「個」のない「人」の尊重

現行憲法一三条が「すべて国民は、個人として尊重される」とするのに対して、「草案」一三条は「全て国民は、人として尊重される」と定める。

尊重の対象が「個人」から「人」に変わっている。「個」という多様性よりも「人」という人間の共通性を重視し、そのうえ、国防義務（「草案」前文第三段）、日の丸・君が代尊重義務（同三条）、など多くの義務を国民に課し、国民に憲法を守らせようとしている。また、他の人と入れ替えることができない、かけがえのない「個人」として扱うのではなく、代替可能な抽象的な「人」として見るということは、規格品や代用品、人材、消耗品、つまり武器弾薬と同じに扱うという意味で、軍事行動を遂行しやすくする。

●くり返される「公益及び公の秩序」

表現の自由への規制として、「草案」二一条二項は「公益及び公の秩序を害することを目的とした活動を行い、並びにそれを目的として結社をすることは、認められない」とする。「草案」は、一二、一三条という人権の総論条項だけでなく、各論にも部分的に「公益及び公の秩序」という人権の制約根拠を繰り返していて、その規制をかけた人権に対して特に強く規制するという趣旨であろう。

思想を表現することは、人間の根本的な欲求の一つであり、そのような自由はクリエイティブな活動の源泉ともいえる。しかも、思想などの正しさは社会における自由な議論によって判断されていくべき問題であって、権力が中心になって特定の思想を国民から遠ざけることはあってはならない。国家が立ち入ってはいけない人間の内面領域を確保することこそが立憲主義の大切な観点なのである。

●家族の尊重と扶助義務

「草案」二四条一項は「家族は、社会の自然かつ基礎的な単位として、尊重される。家族は、互いに助け合わなければならない」と定める。

「草案」は、「個人」の尊重を「人」の尊重に置きかえる一方で、「家族」という集団を「人」と同程度に尊重している。憲法の究極の価値は「個人」の尊重であるはずなのに、「草案」が尊重するのは、個性を捨象した「人」であり、集団である「家族」である。ここでは、個の自立は見過ごされている。

また、国が「家族は尊重される」というとき、結婚して子どもがいるのが標準的な家族であるというように、「あるべき家族」が想定されて、やがて国民の中に一定の空気を作りだして無言の圧力になり、結婚しない人、子どもを持たない人の自由を制約し始める。

二四条一項の後半文では、家族の助け合い義務を定めている。これを二五条の生存権保障条項のすぐ前に置いたことには意味がある。生活が苦しくなったら、すぐに生活保護に頼らず、まず家族で助け合い、そうできないときだけ生活保護を認めるというメッセージである。高齢化時代に突入した今日では、介護もまずは家族で面倒を看ていくようにとなるであろう。

そうやって福祉を切り縮めていくことによって浮かせた財源をどこへ振り向けるかといえば、それは軍事費である。国防軍をつくれば、国防費が必要になり、借金漬けの日本では社会保障費を削減するしかない。税収の使い道として、軍事と福祉とは二者択一の関係になりやすく、大砲に象徴される軍事と国民生活向上の象徴であるバターになぞらえて「大砲かバターか」とも言われてきた。家族助け合い義務の強要は、「バターより大砲」に税収を充てるという自民党の財政政策の側面を持っている。

●義務を課すことに前のめり

現行憲法は、国民の義務を、納税、教育、勤労の三つにとどめる。ところが「草案」は、この義務規定を大幅に増やしている。

具体的には、国防義務（前文三段）、日の丸・君が代尊重義務（三条）、領土・資源確保義務（九条の三）、公益及び公の秩序服従義務（一二条）、個人情報不当取得等禁止義務（一九条の二）、家族助け合い義務（二四条）、環境保全義務（二五条の二）、地方自治負担分担義務（九二条二項）、緊急事態指示服従義務（九九条三項）、そして、憲法尊重擁護義務（一〇二条一項）である。これらには明確に義務と規定していないものもあるが、すべて義務と解釈することが可能なものである。

これらの規定により、国は国民に対して権力を容易に行使できるようになり、憲法は「個人の人権を守るために国家を縛るもの」から「為政者が国民を縛るための道具」へと変質し、立憲主義は放棄されてしまう。

●権利拡大には後ろ向き

立憲主義のもとでは、憲法に書かれていない「新しい人権」を拡大することは、個人の尊重に資する限り、権利の拡大に前向きであるべきである。

「Q＆A」によると、「草案」で新しい人権規定として新たに認めたとされるものが四つある

（「Q&A」一五ページ）。しかし結論からいえば、「人権」の形になっているものは何一つない。

・プライバシー権…「何人も、個人に関する情報を不正に取得し、保有し、又は利用してはならない」（一九条の二）

・知る権利…「国は、国政上の行為につき国民に説明する責務を負う」（二一条の二）

・環境権…「国は、国民と協力して、国民が良好な環境を享受することができるようにその保全に努めなければならない」（二五条の二）

・犯罪被害者救済…「国は、犯罪被害者及びその家族の人権及び処遇に配慮しなければならない」（二五条の四）

プライバシー権については、「何人も」個人情報を不正取得してはならないと定めており、国民の義務の定めとなっている。知る権利については、明らかに国の責務を定めた規定である。国民の側の知る権利をないがしろにして、国の責務としての説明責任にしているのである。環境権については、環境「権」とは書かず、それどころか、国が義務を果たす際に、国民は「協力」させられるのだから、協力という名の義務規定である。犯罪被害者救済については、被疑者・被告人を被害者と対立する立場にあるかのような「草案」の表現は、被疑者・被告人の人権規定と矛盾し、それらの人権を実現する妨げになるおそれがある。被害者の保護は刑事手続きにおける重要な課題であるが、現行憲法の生存権、知る権利、プライバシー権などに基づいて、犯罪被害者の権利保障を具体化する法律を作ったり、政府がそれを推進するアクションを起こすことこそが大切なのであって、決して、憲法に規定を書けば解決するような問題ではない。

ここまで、伊藤真著『憲法は誰のもの？　自民党改憲案の検証』(岩波ブックレット)をもとに、「草案」が現行憲法の基本を骨抜きにしようとしている問題点を(四点に集約して)示してきた。この国のかたちを変えようとするのだから、国民の心のあり方を変えようとするのは必定であろう。ここに示された問題諸点が、ちょうどコインの裏と表の関係のようにして、学校教育の内容、特に、道徳教育における子どもの道徳的価値理解の課題に強く関連していく。

二　教育基本法改正と道徳の教科化

一　憲法改正と教育基本法改正の関係 ―教育基本法改正こそ憲法改正の前哨戦―

再び、前節の青木理著『日本会議の正体』(平凡社新書)に拠り、教育基本法改正にかかわる日本会議の事実経過等を引用しつつ、論を進めていく。

日本会議の資料によると、神社本庁などの支援を受けた大規模な〝キャラバン隊〟の活動などによって二〇〇四年一一月までに教育基本法改正を求める署名は三五〇万人を突破し、改正に賛同する国会議員は三八〇人、地方議会での改正要求決議採択も三三都府県二三六市区町村に達した。

これを受けて同年一一月二九日、日比谷公会堂で「教育基本法改正を求める中央国民大会」が開かれた。壇上に大量の署名用紙が山積みにされる中、すでに日本会議と右派のヒーローとなりつつあった安倍晋三（当時、自民党幹事長）も「教育基本法の改正を！」と記された鉢巻を締めて壇上に立ち、こんなふうに訴えている。

「与党の自民党、公明党の間で未だ一致を見ていないのが、「国を愛する心」か「国を大切にする心」かの一点です。しかし、『国を愛する心を涵養する教育』という点は、自民党として譲れない一線と考えております。『愛する』と『大切にする』では、その意味するところが全く異なる。『鉛筆や消しゴムを大切にしましょう』とは言いますが、『鉛筆や消しゴムを愛せよ』とは言わない。国家は鉛筆や消しゴムと同等なのか。やはり、国家は『愛する』でなくてはならない」（日本青年協議会機関誌『祖国と青年』二〇〇五年一月号より）。

安倍が訴えたと同じく、日本会議を筆頭とする右派にとって、「愛国心」を教育基本法に明記することは譲れない一線であった。

さらに見逃せないのは、日本会議が（もちろん、安倍も）この教育基本法の改正運動を本質的にどのように位置づけていたのか、という問題である。

元最高裁長官で、当時は日本会議の会長だった三好達は二〇〇五年四月二九日、日本協議会の結成式典で来賓として祝辞を述べ、次のように語っている。

「憲法改正のためには、それに先立ってどうしても早急にしなければならないことがある。それは、申すまでもなく教育基本法の改正であります。伝統・文化の尊重、愛国心の涵養、道徳性の育成などを織り込んだ基本法とし、その下でのまともな教育により、『日本の誇り』を持った国民を増やさなければ、我が国の歴史、文化、伝統に基礎をおく憲法改正は到底できない。その意味で、教育基本法改正こそ憲法改正の前哨戦であり、早急にこれを勝ち取らなければなりません」(『祖国と青年』二〇〇五年六月号より)。

二　教育基本法改正の背後で策す右派勢力

前節で、日本会議の「〝草の根運動〟の軌跡」を列記した。その内の〈教育基本法の改正運動(二〇〇〇~二〇〇六)〉では、日本会議が旧教育基本法を敵視し、その改正に向けて執拗かつ総力をあげて運動していた。二〇〇六年一二月に成立した改正教育基本法の背後にあった一つの、しかも決定的な動因を理解することは、世間には知られていない教育基本法改正の意味を歴史的客観的に把握する上で重要である。

引き続き、青木理著『日本会議の正体』より事実経過等を引用して、論を進める。

日本会議に連なる戦後日本の右翼運動は、現行憲法と並ぶ戦後体制の象徴として、教育基本法を敵視と憎悪の対象としてきた。「憲法と同じくGHQに押し付けられたものだ」「愛国心がうたわれていないことが国への誇りを失わせた」「公共に対する奉仕の精神が失われた」「宗教的情操の涵養がうたわれていない」「戦後教育の荒廃は憲法と教育基本法に由来する」……。挙げていけばきりがないほど、教育基本法への憤懣と憎悪は渦を巻いて、戦前の教育勅語に取って代わったものという想いもあったのだろう。日本会議の事務総長・椛島有三も二〇〇六年、日本会議事務総局のメンバーとともに、そのものズバリのタイトル『戦後教育を歪めたGHQ主導の教育基本法』（明成社）という書籍を上梓している。

一方、政府レベルでは小渕恵三政権下の二〇〇〇年三月、首相の私的諮問機関として「教育改革国民会議」が発足して、風向きが変わり始める。小渕が急死したことを受けて森喜朗が政権を引き継ぎ、同年一二月、この諮問機関がさまざまな教育施策とともに教育基本法見直しの必要性を提言し、中央教育審議会（中教審）の議論がスタートする。そして、二〇〇三年三月、中教審は「『公共』の精神、道徳心」や「日本の伝統・文化の尊重」「郷土や国を愛する心」といった内容を教育基本法に盛り込むのが適当とする答申を出した。

政府レベルの動きに合わせ、日本会議も盛んに活動した。二〇〇〇年九月には「新しい教育基本法を求める会」を設立し、森政権に教育基本法の早期成立を要望した。中教審の答申が間近に迫った二〇〇三年一月には、「日本の教育改革有識者懇談会＝民間教育臨調」なる組織も立ち上げた。

直後の二〇〇三年三月に中教審答申が出ると、これを大きなチャンスと捉えた日本会議お得意の手法による「国民運動」が総力を挙げて大展開される。中央で「国民運動」組織を立ち上げると、神社本庁などの協力を得て波状的に集会を開き、これと同時並行する形で全国に〝キャラバン隊〟を派遣、地方議会での決議や大規模な署名集めなどを行いつつ、意を通じた国会議員らが議員連盟を発足させて政府や与党を突き上げていく。

『祖国と青年』（二〇〇四年七月号）は、日本青年協議会代表・松岡篤志が日本会議による〝草の根運動〟の実態と手法をつぶさに説明していた。一部を挙げると、

〈五月下旬より、教育荒廃を根本から救うために、教育基本法の早期改正を求めて、全国キャラバン隊（日本会議主催）が初夏の日本列島を東西に分かれて駆け巡っている（四隊に分かれて活動期間は異なるが、七月中旬まで）。日本会議の事務局の青年が主体となって、明治神宮、神社本庁、モラロジー研究所、日本青年協議会、全日本学生文化会議所属の青年たちが参加（予定含む）。私も西日本隊隊長として中国・近畿ブロックを担当した。……。折しもキャラバン出発直前の五月一八日、安倍晋三自民党幹事長より全国の同県連に「教育基本法の早期成立を求める意見書」採択を促す「幹事長通達」が発せられ、各県でも「意見書」採択に向けて、党内の勉強会開催など

具体的に動き出しつつあった。地方議員が一〇〇名以上参集した広島県を始め、石川、大阪、滋賀、和歌山、香川、宮崎の各県ではキャラバン来訪にあわせて教育基本法改正をテーマとした研修会が開催され、多くの議員が参加し、熱心な議論が展開された〉（二〇〇四年七月号より）。

「憲法改正の前哨戦」として日本会議が総力を挙げて実現を目指してきた教育基本法改正案は、同会議の〝ヒーロー的存在〟となった安倍晋三政権下で、二〇〇六年一二月に成立した。

三　道徳の教科化と日本会議の運動

改正教育基本法によって道徳教育拡充の根拠を持つと、議論は道徳の教科化へと進んだ。教科書と検定制度の問題に詳しく、子どもと教科書全国ネット21代表委員であった俵義文は、日本会議を極右組織だと判断している。俵が著した『日本会議の野望―極右組織が目論む「この国のかたち」』（花伝社、二〇一八年）には、日本会議が長年にわたって要求してきた道徳の教科化が、学習指導要領の「特別の教科 道徳」に具体化された経緯が示されている。以下、その概要を記していく。

（1）道徳の教科化第一弾：心のノート

日本会議は、日本を守る国民会議の時期も含めると、日本の政治や社会、教育などに重大な影響を及ぼす「成果」をあげてきた。その主なものとして、元号法制化の達成、政府主催の天皇奉祝行事の実現、高校日本史教科書の発行と継続、女系女性天皇容認の皇室典範改定阻止、国旗国歌法制定、中学校教科書の「慰安婦」記述削除、教育基本法「改正」、選択的夫婦別姓法案阻止、外国人地方参政権法案阻止、検定制度改悪と教科書統制強化、道徳の「教科化」実現、例年の八・一五の靖国神社参拝運動の広がり、領土問題での排外主義の広がりと教科書への領土問題の政府見解の記述実現、育鵬社教科書の採択などである。

それを見ると、教育領域での「成果」が多いことが分かる。日本会議の教育に関する運動方針は、第一に、歴史教科書による侵略戦争や植民地支配の正当化、日本の歴史を天皇中心の「神の国」の歴史という歴史認識を子どもたちや国民に定着させることである。第二は、愛国心教育、道徳教育の強化であり、個人よりも国家を上に置く国家意識・社会認識を植え付けることである。

日本会議のいう「道徳教育の充実」のための道徳副読本作成には、二〇〇〇年三月、連携する日本会議議連の議員（亀井郁夫参議院議員・故人）によって国会で要求され、同じく日本会議議連副会長中曽根弘文文部大臣（当時）が作成を約束して文部省発行の道徳副読本『心のノート』が実現したものである。

道徳副読本『心のノート』は、後の『私たちの道徳』に引き継がれ、日本会議は道徳の教科化の第一弾として位置づけていた。そこに止まらず、目指すのは「教科としての道徳」であった。

（2）道徳の教科化第二弾：特別の教科 道徳

一九五〇年代半ばの「逆コース」と呼ばれた教育の反動化の中で、自由党・民主党（一九五五年一〇月の保守合同で自由民主党）と文部省は、道徳教育の復活（教科化）をめざした。しかし、戦前の修身の復活への批判によって教科化はできず、一九五八年に特設の「道徳の時間」として道徳教育が実施された。

道徳の教科化は第一次安倍政権（二〇〇六年九月～二〇〇七年九月）の「教育再生」政策の〝目玉〟の一つだった。首相直属の教育再生会議が二〇〇七年六月の「第二次報告」で「道徳の教科化」を提言し、伊吹文明文部科学大臣（当時）が中教審に答申したが、中教審は評価や検定教科書作成など問題が多く、正規の教科になじまないと答申して実現しなかった。

二〇一一年に滋賀県大津市の中学生が「いじめで自殺」した事件が起きたことを契機にして、第二次安倍政権が二〇一三年一月に設置した首相直属の教育再生実行会議は、わずか三回、計三時間余りの議論で二月に「いじめ問題等への対応について（第一次提言）」を提出し、いじめをなくすために、「いじめ防止対策推進法」の制定と道徳の教科化が必要だと主張した（「いじめ防止対策推進法」は二〇一三年六月に成立）。

これを受けて、日本会議議連所属の下村博文文科相（当時）は、第一次安倍政権時の失敗を踏まえ、すぐに中教審に諮問しないで、二〇一三年四月に「道徳教育の充実に関する懇談会」を設置した。この有識者会議に育鵬社教科書を作成している日本教育再生機構の運営委員である貝塚茂樹・武蔵野大学教授など道徳教科化の推進論者を多く入れ、同懇談会は「道徳の教科化が必要」だという「報告」を二〇一三年一二月に出した。下村文科相は教育再生実行会議提言と、この報告にもとづいて、二〇一四年二月、「道徳の教科化」について中教審に諮問した。諮問に先立って、下村文科相は中教審が教科化に反対する答申を再度出さないように、櫻井よしこ（美しい日本の憲法をつくる国民の会共同代表）を中教審委員に任命した。中教審の道徳教育専門部会は、九月に「答申案」をまとめ、中教審は一〇月二一日の総会で道徳を「特別の教科 道徳」として正規の教科に格上げする必要があるという答申を出した。下村文科相のいう「リベンジ」が成功したのである。

教育基本法を改正（二〇〇六年一二月）した安倍晋三は、次のように主張して改正の本心を語っていた。

「安倍政権において六〇年ぶりに教育基本法を改正したのは私の誇りとするところである。特に『教育の目標』に『日本の歴史と文化を尊重する』ことを書き込むことができた」（日本教育再生機構機関誌『教育再生』二〇一一年六月号）

「新しい教育基本法は、安倍政権で約六〇年ぶりに改正したのですが、その第一の（教育の）目標には、わが国の国民の育成につとめるとともに、『道徳心』を育むことを書き込みました。法改正の『一丁目一番地』には、道徳教育の充実が掲げられています。つまり、『わが国と郷土を愛し』、文化と伝統を培うとともに、われわれ大人は道徳をきちんと教える責任があるのです」（『教育再生』二〇一二年三月号）

「日本が占領時代に様々な法律や体制が創られ―憲法も、旧・教育基本法もそうです―、戦後、この長く続いてきた体制や精神も含めて、私は『戦後レジーム（旧制度）』と呼んでいますが、この『戦後レジーム』から脱却しなければ、真の独立はない」「旧い教育基本法は立派なことも書いていますが、日本の教育基本法でありながら日本国民の法律のように見えません。日本の『香り』が全くしないのです。まるで『地球市民』を作るような内容でした」（『教育再生』二〇一二年四月号）

四　道徳教科書検定の問題点

道徳の教科化を決定づけた中教審答申（二〇一四）は、道徳教育の使命は、人格の基盤となる道徳性を育てることにあり、道徳教育は「教育の中核をなすべきもの」とした。これにもとづいて、①道徳を「特別の教科　道徳」として正規の教科に格上げする、②「特別の教科　道徳」を要として学校の教育活動全体を通じて道徳教育を確実に展開するよう教育課程を編成する、③国が検定基準を定める検定教科書を導入する、④数値での評価はしないが、子どもの「作文やノート、質問紙、発言や行動の観察」などをもとに文章で「道徳教育の成果として行動面に表れたものを評価する」などとなった。さらに、道徳の時間がない幼稚園や高等学校、特別支援学校でも道徳教育を充実することも提言した。

文科省は二〇一五年三月二七日に道徳教科書づくりの基準となる学習指導要領の一部改正を告示した。さらに、二〇一五年九月三〇日に教科書検定基準を改定した（施行は二〇一六年四月一日）。この学習指導要領一部改正と改定された検定制度によって、二〇一六年度の道徳教科書検定が行われ、「伝統と文化の尊重、郷土や国を愛する態度」など政府が定めた価値観を道徳教科書が反映することになった。

道徳教科書に関して言えば、道徳教科書の検定は他の教科の検定とは違った問題点がある。他教科には人文科学・自然科学・社会科学など（科学として）の学問があり、その学問の到達点、成果に基づいて教科書は執筆・編集される。文部省・文科省による検定も学問・学説に照らして、教科書記述が適切か否かを審査して検定意見を付け、検定意見に対して執筆者・教科書会社は学問・学説に基づいて反論してきた。ところが、道徳は国（国家）が定めた特定の価値（徳目）を子どもに理解させるものであり、他教科のような科学・学問の基盤がない。したがって、道徳教科書では検定意見が付けられれば、学問・学説に基づいた反論はできないので、文科省の指示通りに修正するしかない。

「特別の教科 道徳」の〈特別〉とは、道徳を全教科の上に置く「特別の教科」という意味を与えている。それは、道徳教育によってすべての教科を統括する役割を課している。道徳教科書は、二〇一八年に小学校、二〇一九年から中学校で、子どもたちの手に渡った。正規の教科「特別の教科 道徳」により、子どもたちの心（内心）のあり方が指し示され、教員にはそれらの指導が義務付けられた。この教科は、子ども（国民）の心のあり方を左右する先端に位置している。

ここまでが俵の著書からの引用である。

五　道徳主義という管理教育

東京大学大学院教育学研究科教授・本田由紀は、現在の教育政策と教育行政を「垂直的序列化」と「水平的画一化」の二側面で捉え、その両面で子どもたちを追い立てていると説く。

それに沿うと、競争の教育によって数値（ハード）で序列化された子どもたちは輪切り・選別され、道徳科を要にした道徳教育で子どもたちの内心（ソフト）が統制・画一化されていく。これらの本質は管理教育である。ハード・ソフトの両面管理が強化されるにつれて、子どもたちにストレスが増大する。学習意欲の低下と停滞、いじめ・不登校の常態化が進み、管理と悪化の悪循環から抜け出せなくなる。そこには、子どもたち自らが伸び伸びと成長して行こうとする（全面発達の）願いが見放されている。

引用・参考文献

青木理『日本会議の正体』平凡社新書、二〇一六年
伊藤真『憲法は誰のもの？ 自民党改憲案の検証』岩波ブックレット、二〇一三年
俵義文『日本会議の野望―極右組織が目論む「この国のかたち」』花伝社、二〇一八年
本田由紀『教育は何を評価してきたのか』岩波新書、二〇二〇年

第三章　道徳主義と科学的認識

一　道徳教科書のモデル、教材『私たちの道徳』（二〇一四年度）

道徳教育は戦後学校教育の一大争点だった。特設された「道徳の時間」のあり方が道徳教育論議の焦点となって続いてきた。時どきの社会政治状況のもとで道徳教育は議論されてきたので、特に教育現場の教師は「中立」意識に引き込まれて、道徳教科化に対する各自の思いを多く語らなかった。

しかし、今日、「教育史に残る大改革」とまで評されて道徳が教科になり、道徳教科書が教室で使用されると、教育授権者である児童生徒（国民）の思想や信条等、内心領域に直接影響している。国民の教育授権の立場から道徳教育のあり様を論じ、建設的な道徳を探求する必要性は高まっている。

ところで、渡部昇一（二〇一三）は、修身教育の時代を「日本は決して好戦的な国ではなく、一部で言われるような暗黒な時代でもなかった[1]」と回顧し、さらに「教育勅語の徳目は時代や場所を越えて普遍・不変の価値があり、そこに示された徳目を目指して修身に心がけることは普遍・不変の価値がある[2]」と高言する。

貝塚茂樹（二〇一五）は一部改正学習指導要領（二〇一五／三／二七）による「特別の教科 道徳」（以下、「道徳科」）導入に関して、戦前の修身教育を教科道徳に反映すべきと論じる[3]。

そこで、戦後における道徳教科化への端緒を遡ってみると、天野貞祐（第三次吉田内閣文相）による「修身科」復活の提言（一九五〇）にあり、天野の国民実践要領（一九五一）には四一の徳目が列挙されている[4]。そのうち、第四章 国家（九項目）を除くほとんどが、戦前の修身科の徳目に符合している[5]。道徳教育に修身教育・徳目主義の理念・内容を反映させる意図は歴史的に明確な復古主義である。

渡辺雅之（二〇一五）は、徳目主義的道徳は一定の価値観を誘導するものであり、「子どもの心に真の道徳性を育むことはできないどころか、体制に順応し、社会の矛盾に目をつぶって生きることを暗に強制する[6]」と、子どもの立場から道徳教育の問題を指摘している。その論点に関わって、徳目の押しつけには問題があるとして、多様な意見交流という方法論が設定されているが、児童生徒が討論等を通じて多様な考え（意見）を交流し合えば徳目主義を克服できるだろうか[7]。

教育基本法第一条は「教育は人格の完成を目指し、平和で民主的な国家及び社会の形成者として必要な資質を備えた心身ともに健康な国民の育成を期して行われなければならない」とある。国家及び社会を形成する資質を備えた者（国民）としての人格を形成するとは、国家・社会的人格形成観を意味する。旧教育基本法（以下、旧法）の民主的人格形成観からの転換であり、この大きな転換から「道徳科」が構想されたのではないだろうか。

旧法下での学校教育を道徳教育に関してたどると、一九四七年の学習指導要領（試案）社会科編に始まり、吉田・井ノ口ら（一九九二）は「戦後道徳教育の出発は社会生活についての科学的な理解を基にした合理的な判断によって基礎づけられようとした」[8]と、道徳性の教育と社会科学習との接点を挙げている。それは、社会に対する科学的な認識と道徳性の育成の関係という基本的視点を本章の指標に与える。それを研究視点に定めて「道徳科」の問題を導き出すにあたって、「道徳科」で使用される教科書教材は客観的な研究対象になり得る。

二〇一四年度には、教材『私たちの道徳』が文科省より発行された。後から振り返ると、検定教科書のモデルという位置づけになっていた。そこで、戦前の教育勅語・修身科との関連をも視野に入れて、道徳教科書の出発点ともいえる『私たちの道徳』をもとに、今日の道徳教科化における問題、特に、科学的な認識力の形成との関係性について考察していくことにする。

本章では、第一に、教育基本法第一条（目的）を受けた第二条（目標）と、道徳教育の目標・内容との関係性を構造的に検討する。また、そこに明治憲法下の修身科教科書の内容がどのような関連性を示しているかを検討する。第二は、道徳教科書のモデルとなった教材『私たちの道徳』にかかわって、その内容が社会生活における科学的認識力に及ぼす影響について明らかにしていく。

二 教材『私たちの道徳』(二〇一四年度)の分析研究

道徳における科学的な認識のあり方を研究課題とするにあたり、戦後の道徳教育をたどると、その初期には社会科が修身科を排した新しい道徳教育の推進をも担ってスタートした。新設された社会科は子どもの社会についての科学的な理解と民主的社会の形成者として生活する態度や能力の育成を目標に、民主主義社会を実現するための中心的教科として出発した。道徳性についても子どもの生活に根ざす生活認識と行動の見地から、社会科教育による社会生活への科学的な理解を基にした合理的な判断による道徳教育の試みが開始されたのだった。つまり、道徳教育において科学的思考を育むという方法概念は、社会の現実に対する認識の科学性とつながっていた。(9)

しかし、その試みが十分な成果を出す間もなく、一九五一年の「道徳教育のための手引書要綱」(文部省)では、学校教育全面において進めるのが適当との方針転換が示された。社会科教育から距離を置く全面的道徳教育を定めたあとは、道徳の特設化(一九五八)へと矢継ぎ早に移行していった経緯を踏まえると、そこには社会科教育の目的や社会に対する科学的認識のあり方に対峙した道徳教育が意図されたと思われる。

そこで、教材『私たちの道徳』（以下、『私たちの道徳』）の各領域中から、社会科教育と社会認識のあり方に関連性を持つ〈主として集団や社会とのかかわりに関すること〉の領域を研究対象に置き、そこに示される道徳的心情と社会的道徳価値について（の問題点）を検討することで、研究目的の第二に掲げた科学的認識に及ぼす影響の問題を把握したい。その領域は社会の中でより良い生き方を選択する上での社会的規準を定める指標でもある。

研究一　『私たちの道徳』小学校五・六年／中学校に掲載されている単元項目を道徳的価値別に分類整理し、それらが教育基本法第二条と、どのような関連性を示しているかを分析する。また、五・六年『私たちの道徳』が示す道徳的価値（徳目）と、修身科教科書の徳目を対比して類似性や相関性を分析する。

研究二　学習指導要領道徳の「第二　内容」(*)に示された、〈主として集団や社会とのかかわりに関すること〉の領域において、上記『私たちの道徳』小学校五・六年／中学校に示された「読み物」を通して、そこに示された道徳性における社会的道徳価値（社会規範を含む）についての特質を分析してまとめる。

＊『私たちの道徳』は、二〇〇八年告示の学習指導要領のもとで作成された。二〇〇六年の改正教育基本法との対応関係を調べる必要もあるので、ここでは二〇〇八年告示のそれを用いた。

一〔研究二〕『私たちの道徳』に見る道徳的価値と教育基本法第二条（目標）との関連性、及び渡部昇一監修『国民の修身』との対比

（1）『私たちの道徳』に見る道徳的価値について　【教育内容と道徳的価値①】

小学校五・六年『私たちの道徳』、中学校『私たちの道徳』の内容を学習指導要領が示す道徳性の領域に即して道徳的価値別に分類すると、表1と表2の中の、【教育内容と道徳的価値①】となった。(＊)

＊ここでは、『私たちの道徳』の教育内容と道徳的価値の間に差異が生じないようにするため、教材の目次に表記されている用語を可能な限り用いて道徳的価値の表記に使用した。

表1　小学校五・六年『私たちの道徳』、道徳的価値と教育基本法第二条との関連性等について

学習指導要領が示す道徳性の領域	小学校五・六年『私たちの道徳』教育内容と道徳的価値①	教育基本法第二条との関連②	『国民の修身』における内容と道徳的価値③
1　主として自分自身に関すること	・生活習慣 節度節制 ・希望と勇気 努力 ・自由 自立的で責任ある行動 ・誠実 明るい心 ・進取 工夫して生活をよりよく 真理 ・短所を改め長所を伸ばす	A B A B A B A B C A B A B	整頓／決まりよくせよ／不作法するな／倹約 志を堅くせよ／勇気／怠けるな 自分のことは自分でせよ／自立自営 良心／嘘をいうな／正直／忠義／約束を守れ 勤勉／工夫せよ／始末をよくせよ 過ちを隠すな／克己
2　主として他の人とのかかわりに関すること	・礼儀正しく ・思いやり 親切 ・信頼 友情 男女仲よく協力 ・謙虚な心 広い心 ・感謝	A C A C A C A C A C	行儀良くせよ／礼儀 思いやり／友だち、年寄りに親切であれ 友だち／忠義／友だちは助け合え／朋友 自慢するな／良心／人の過ちを許せ／寛大 近所の人／親の恩／恩を忘れるな／師弟
3　主として自然や崇高なもののとのかかわりに関すること	・自他の生命を尊重 ・自然の偉大さ 自然保護 ・感動する心 大いなるものへの畏敬の念	A D A D A D	生き物を苦しめるな／生き物を憐れめ ― 皇大神宮

4 主として集団や社会とのかかわりに関すること	・法やきまり 公徳心 ・公正、公平 正義 ・役割と自覚 ・働く意義 社会奉仕 公共 ・家族の幸せ ・よりよい校風 敬愛 ・伝統と文化 郷土や国を愛する心 ・国際理解 日本人としての自覚 国際協調	A C A C A B C A B C A C A C A E A E	規則に従え／公益／人の難儀を救え 自分の物と人の物／自信 共同／国民の務め／勤勉／産業を興せ 仕事に励め／勤労／慈善／公民の務め 兄弟仲良くせよ／孝行／親類 師を敬え 祝日・大祭日／我が国／忠君愛国 よい日本人／国旗／国交／博愛

（筆者作成）

表2 中学校『私たちの道徳』、道徳的価値と教育基本法第二条との関連性等について

学習指導要領が示す道徳性の領域	① 中学校『私たちの道徳』教育内容と道徳的価値	② 教育基本法第二条との関連
1 主として自分自身に関すること	・生活習慣 節度節制 ・希望と勇気 強い意志 ・自立の精神 誠実 ・真理 真実 理想の実現 ・真理 工夫して生活をよりよく ・自己の向上 個性を伸ばして	A B A B A B C A B C A B A B

2　主として他の人とのかかわりに関すること	・礼儀	AC
	・人間愛 思いやり	AC
	・友情 信頼	AC
	・異性についての正しい理解	AC
	・寛容　謙虚	AC
	・感謝	AC
3　主として自然や崇高なものとのかかわりに関すること	・自他の生命を尊重	AD
	・自然愛護 畏敬の念	AD
	・生きる喜び	AD
4　主として集団や社会とのかかわりに関すること	・法やきまり 自他の権利、　義務 社会秩序と規律	AC
	・公徳心 社会連帯	AC
	・公正、公平 正義	AC
	・役割と責任の自覚	ABC
	・勤労の尊さ 社会奉仕 公共の福祉	ABC
	・家族の一員	AC
	・敬愛 よりよい校風	AC
	・郷土の発展	AE
	・愛国心 伝統継承 文化の創造	AE
	・日本人の自覚　国際理解　国際協調	AE

（筆者作成）

（２）『私たちの道徳』の教育基本法第二条（目標）との関連性について

【教育基本法第二条との関連②】

教育基本法第一条 教育の目的に続き、それを受けて第二条には教育の目標が一項から五項まで明示されている。

第一項 幅広い知識と教養を身に付け、真理を求める態度を養い、豊かな情操と道徳心を培うとともに、健やかな身体を養うこと。（A）…以下、筆者による記号表記

第二項 個人の価値を尊重して、その能力を伸ばし創造性を培い、自主及び自律の精神を養うとともに職業及び生活との関連を重視し勤労を重んずる態度を養うこと。（B）

第三項 正義と責任、男女の平等、自他の敬愛と協力を重んずるとともに、公共の精神に基づき、主体的に社会の形成に参画し、その発展に寄与する態度を養うこと。（C）

第四項 生命を尊び、自然を大切にし、環境の保全に寄与する態度を養うこと。（D）

第五項 伝統と文化を尊重し、それらをはぐくんできた我が国と郷土を愛するとともに、他国を尊重し、国際社会の平和と発展に寄与する態度を養うこと。（E）

そこで、『私たちの道徳』の【教育内容と道徳的価値①】と、第二条に示す項目との対応関係について、その関連性を示すために、第二条の第一項を↓A、同じく第二項を↓B、第三項を↓C、第四項を↓D、第五項を↓Eとして、表1と表2の中の【教育基本法第二条との関連②】

に整理した。

その結果、第一項は国家・社会の形成者（国民）として備える人格状態像を提示している。即ち、知識と教養、真理を求める態度《知》と、豊かな情操と道徳心《徳》を備えた健やかな身体《体》の人格像であり、第二項から第五項までの道徳性全域に冠する位置（役割）を占めている（A）。そして、第二項以降から第五項には、国家・社会の一員として備える必要のある資質が項目化されている。

それらを『私たちの道徳』の側から相関性を検討してみると、概ね〈1 主として自分自身に関すること〉の道徳性領域が第二項（B）を、〈2 主として他の人とのかかわりに関すること〉が第三項（C）を、〈3 主として自然や崇高なものとのかかわりに関すること〉が第四項（D）を、そして〈4 主として集団や社会とのかかわりに関すること〉が第五項（E）、及び第二項（B）第三項（C）を引き受けていた。

即ち、第二条に示された教育目標すべてが『私たちの道徳』において道徳的体系化を果たしているのである。

一部改正学習指導要領（二〇一五）は、教育基本法が示す内容に基づいて指導することを殊更に規定しているが、その前の学習指導要領（二〇〇八）下で編集されていた『私たちの道徳』から、既に教育基本法との一体性が確保されていたことになる。

（3）渡部昇一監修『国民の修身』『国民の修身 高学年用』との道徳的価値（徳目）の対比

【『国民の修身』における内容と道徳的価値③】

小学校五・六年『私たちの道徳』の【教育内容と道徳的価値①】を戦前の修身科教科書と対比して類似性や相関性の有無、及び規模を検討するため、渡部昇一監修『国民の修身』、『国民の修身 高学年用』を比較対象に置き、表1内の【『国民の修身』における内容と道徳的価値③】に整理した。

その結果、『私たちの道徳』の【教育内容と道徳的価値】のうち、自由、真理、男女仲よく協力、自然の偉大さ、自然愛護、感動する心、公平、よりよい校風、国際理解に引いたサイドライン部以外は、『国民の修身』二編に同義の修身項目（徳目）が存在していた。(*) つまり、修身科の徳目の大半は、明治憲法体制を踏み越えて日本国憲法下にある道徳教材『私たちの道徳』の道徳的価値に位置を占めたと言える。渡部が、「修身に心がけることは普遍・不変の価値がある」と強弁したのは、実は、明治憲法体系を踏み越えるためだった。

*両項目の整合過程で、その表記（用語）に若干の相違があっても内容に即して同義であれば③欄に記載した。例えば、『私たちの道徳』側の、〈誠実 明るい心〉は、『国民の修身』では〈良心 嘘を言わない心〉の内容と合致していた。また、内容上も符合するものがない項目には、『私たちの道徳』道徳的

価値の名称にサイドラインで示し（例、自由、真理……等々）、修身科教科書に合致する項目概念が全くない場合は、③欄に―で表わした。

なお、渡部編著二編には、多数の戦前修身科教科書の全徳目が収められてはいないだろうが、その二編に限定しても対比分析に問題は生じないと判断した。

二〔研究二〕道徳性の領域の内、〈主として集団や社会とのかかわりに関するもの〉に見る道徳的心情と社会的道徳価値について

道徳性や道徳的価値がどのように育成されるかという問題意識に関しては、それらを涵養する意義と根拠として、『学習指導要領解説 道徳編』では以下のように示されている。

「道徳性は生まれたときから身につけているのではない。人間は道徳性の萌芽をもって生まれてくる。人間社会における様々な体験を通して学び開花させ、固有のものを形成していくのである。[10]」「…道徳性の発達には、人間らしさを表す道徳的価値にかかわって道徳的心情や判断力、実践意欲と態度などを育み、それらが一人一人の内面に自己の生き方の指針として統合されていくような働きかけを必要とする。[11]」

つまり、道徳性の涵養には、その価値一般を概念化するだけでは十分でなく、児童生徒が自己形成し得る道徳的心情や意欲、態度を喚起する事象に出会って培われると言うのである。その事

象（媒体）が『私たちの道徳』に掲載されている「読み物」教材や社会的体験、問題解決的学習等となる。

そこで、学習指導要領が示す道徳性の領域のうち、〈4 主として集団や社会とのかかわりに関すること〉で編集している「読み物」教材について、そこに表われる道徳的心情と、求められている社会的道徳価値（社会規範を含む）は、人間の社会的あり方や社会に対する見方・考え方を具体的に表すと考えられる。表3、表4において、各「読み物」教材別に【道徳的心情と社会的道徳価値について】で列記した。

表3　小学校五・六年『私たちの道徳』、〈主として集団や社会との関わりに関すること〉領域の「読み物」について

読み物／道徳的価値	概　要	道徳的心情と社会的道徳価値について
きまりは何のために **〈公徳心〉**	代表委員会で決めた校庭遊びの時間帯決めを明や鉄男たち（高学年）が、ゲーム発売日に、発売時刻までに帰りたいからと、低学年の時間帯に割り込んで遊んだ。翌日、それを注意した健一は〈自分たちの遊ぶ権利やゲームを買う権利〉という理屈を持ち出して彼らに反論された。次の日には、他のクラスからも「今日は習い事があるから、」と、低・中学年の時間帯に割り込む行動が…。そして、とうとう鉄男の蹴ったボールが一年生に当たって	**【道徳的心情】** ・国会での法律成立の現場を見た健一は『ここで国の法律を決める。ぼくらは校庭遊びのきまりも守れないのに……』、『ぼくたちは何か大切なことを忘れていたのではないか。』と、心に疑問がわいてきた。 ・明も「時間を守るという義務を果たさなかったことを、今は後悔している。」と、つぶやきました。 ・「きまりを軽く考えて、自分だけはいいかなん

しまい、放課後の校庭遊びが休止になってしまった。

翌週の社会見学で国会議事堂を見学した。国会議員が大事なことを衆参両院でよく話し合って決めていると知ったことを契機に、自分たちが決めた遊び時間帯のルールを破ってしまったことを痛く反省した。

そして、国会議事堂見学から帰った翌日、学級で「きまりは何のためにあるのか」を改めて話し合うことになった。

て……勝手だった。」（と、）鉄男はしきりに反省しています。

【社会的道徳価値について】

きまりを守る、それが義務。勝手はいけない、破ると制裁がある。

国会での法律はさらに厳格に決定しているのだから遵守しなければならない。

愛の日記

＜公正　公平＞

四月二八日　ベトナム人のリャンちゃんは日本語がうまく話せなくて、今日もさみしそうだった。

五月一日　父とエリザベス・サンダース・ホームへ行った。青年になるまでそこで育てられた父は、何かうれしいこと、つらいことがあるとホームへ行く。ホームの設立者・澤田美貴先生を父は「ママちゃま」と呼ぶ。混血児として生まれた父の小さい頃にいじめられた時、ママちゃまが守って下さったことを初めて聞かされた。小さい頃の父と同じ境遇であるクラスのリャンちゃんのことを「なあ、愛、愛はリャンちゃんにやさしくしているんだろう?」と、父に問われて、私（愛）はだまっていた。

日記は続く。……。昭和五五年の澤田先生が亡くなられた五月一二日。今日、私は素直にリャンちゃんに「私の誕生日に来てくれる?」と、声をかけた。リャンちゃんはうれしそうだった。

【道徳的心情】

・父が突然、私を振り返った。「リャンちゃんにやさしくしているんだろう?」私は、ただだまっていた。心がうずいた。

・五月七日　今日もリャンちゃんに声をかけられなかった。『父さん、ごめんね。』『澤田先生、ごめんなさい。』

・五月一二日　昭和五五年の今日、澤田先生が亡くなられた。私は素直に、リャンちゃんに「私のお誕生会に来てくれる?」と誘うと、嬉しそうだった。『ありがとう!澤田先生。』

【社会的道徳価値について】

全財産を投じて外国人の父親と日本人の母親を持つ孤児のための施設を開いた澤田美喜の博愛精神と献身的姿勢、公正・公平に学び、実際に行動することが重要である。

小川笙船
＜役割と自覚＞

小石川養生所を開いた小川笙船は、高位の人々からの加護に甘んじず、医者代が払えずにいる極貧の病人をも手厚く看病してきた。その一人、定吉も家族なく家賃が払えず、長屋を追い出されて路頭に倒れていた。笙船に助けられて養生所で病状が回復し、井戸の水くみをして笙船への恩返しをした。また、定吉のとなりで寝ていた男も退所後には、自分の畑で採れた大根を大量に持参して訪ねてきた。笙船に再会できた男は満面の笑顔となった。笙船もまた、うれしそうだった。笙船は頂いた大根の籠を高々とかかげて感謝し、喜びを養生所のみんなで分け合った。
　現在は、笙船の努力で開いた養生所はその役割を終えて、小石川植物園となって、井戸も片隅でひっそりと眠っている。

【道徳的心情】
・ある日、定吉のとなりで寝ていた男が、自分の畑で採れたたくさんの大根を届けに来た。「先生、先生はおられるかぁ。先生に食べてもらうんじゃ！」
・笙船は男とかごに手を合わせた。そして、養生所には、みんなの笑顔と拍手の音が広がった。
・笙船のおかげでできた養生所はその役割を終え、笙船や江戸の町人のたくさんの思い出と共に、今も、井戸がひっそりとねむっている。
【社会的道徳価値について】
　名声を追い求めずに、社会の一隅で周囲の人々を精一杯支え続けて生きることは、人間の社会的役割を果たす貴重なあり方である。

人間をつくる道
―剣道―
＜郷土や国を愛する心＞

　剣道を始めて三年になるぼくにも、試合の日が来た。勝てると思って臨んだものの、あっさり二本を取られた挙げ句に、先生からは「他の試合をよく見てみなさい」と、叱られた。午後からの大人の試合を見ていて、その迫力と、試合に負けた方の引き上げが負けてくやしいはずなのに、息を合わせる態度が立派だったことに感心した。数日後、先生から次のような話を受けた。
「剣道は、礼というものをとても大切にします。自分がどのような状況でも、相手を敬い、尊重するという心の表れです。これは、日本人が昔から大切にしてきた相手を思いやる精神です。…」

【道徳的心情】
・…午後の大人の試合を見ると、ぼくたちと全くちがって、動きが素早く、見ていてとても美しい。
　（『大人の試合はすごいな。』）
・もう一つすごいと思ったことがあった。それは、試合に負けた方の引き上げだ。負けてくやしいはずなのに、どうして立派な態度で引き上げができるのだろう。礼をする二人は息が合っていて、見ていてとても美しい。
・―先生の話を聞いた後の、次の練習日にあたる自宅玄関で―。いつもとても重かった防具が、心

「剣道の稽古をする目的は、人間性をみがいていくことです。つまり、剣道は、人間をつくる道なのです。」ぼくは日本人が大切にしてきているものを、剣道を通じて受け継いでいるのだと思い知った。
「行ってきます。」次の練習日からの僕は、歯切れのよい、元気なあいさつで稽古に臨んだ。

なしか軽く感じられた。

【社会的道徳価値について】
自らがいかなる立場や境遇にあっても、他者を敬い、謙譲の精神で臨む姿勢には価値がある。
日本の伝統や文化に学び、日本人の精神を受け継ぐことは、大切な美しい生きかたである。

ペルーは泣いている
＜国際協調＞

加藤明は請われてペルー女子バレーボールチームの監督になった。日本式の厳しい練習方式に退部者も出したが、彼はペルーの文化や風習に溶け込む努力を重ねた。昭和四二年、世界女子選手権東京大会出場を果たした。ペルー四位、日本一位。閉会式で、ペルーチームはくやしさで泣くまいと、「上を向いて歩こう」を、あざやかな日本語で歌った。それを見た日本選手たちが駆け寄り、金メダルを彼らの首にかけてあげた。会場からの割れるような拍手に、選手たちは笑いと涙でくしゃくしゃになった顔で日本選手と抱き合った。選手たちは、このときアキラを本当の父親のように感じ取ったのだった。その後、選手たちは猛練習に励み、その年の四月、南米選手権で南米一位を獲得したのだった。
昭和五七年三月、ペルーの新聞が《ペルーは泣いている》と、加藤明の早すぎた死を報じた。それから九年たった平成三年、ペルーのアテ市にはアキラの名前を付けた小・中学校が建てられた。

【道徳的心情】
・（とにかくペルーの選手たちと一緒に汗を流そう。そして、いつかは世界のひのき舞台でペルーの人たちと一緒に喜び合おう。）と、心にちかうのでした。
・ペルーの選手は、笑いと涙でくしゃくしゃになった顔で日本の選手と抱き合いました。
・アキラの目からも、涙があふれそうでした。選手たちはこのとき、アキラを本当の父親のように感じたのでした。
・アキラのまいた国際親善の種は、今もしっかりとペルーの地に根づいているのです。

【社会的道徳価値について】
どの国にも、固有の伝統・文化・風習がある。進んで外国の伝統や文化に親しみ、また日本人としての誇りをもって国際親善に努めることが大切である。

（筆者作成）

表4　中学校『私たちの道徳』、〈主として集団や社会との関わりに関すること〉領域の「読み物」について

読み物／道徳的価値	概　要	道徳的心情と社会的道徳価値について
二通の手紙 **〈法やきまり〉**	小学生の姉と三、四歳の弟が、その日は弟の誕生日というので、終了時刻を過ぎてやってきた。元さんは特別に二人を入園させたのだが、閉門時刻を過ぎても二人は見当たらない。従業員が手分けして探し回って、一時間後に雑木林内の池で遊んでいた二人をやっと見つけた。数日後、元さん宛てに二人の母親からの感謝の手紙が届いた。ところが、職務違反のため「懲戒（停職）処分」の通知も受け取ることになった。 元さんは「この年になって初めて考えさせられることばかりです。この二通の手紙のお蔭ですよ。また、新たな出発ができそうです。…」と、その日をもって自ら職を辞し、去って行った。	**【道徳的心情】** ・〈懲戒処分通知を受けても〉「……。また、新たな出発ができそうです。本当にお世話になりました。」と言う、元さんの姿に失望の色はなかった。それどころか、晴れ晴れとした顔で身の回りを片付け始めたのだった。 ・ちょうどそのとき、退園を促す園内アナウンスが流れ始めた。 **【社会的道徳価値について】** きまりや法は人間の情状酌量に優先される。規則や法は厳格に全ての人に適用されて、職場や社会の秩序は保たれていく。
鳩が飛び立つ日 **―石井筆子―** **〈公徳心　社会の福祉〉**	筆子は次女と夫に先立たれる。筆子の三女康子は障害児であった。その後、石井亮一から障害児教育の先導を受け（のちに彼と結婚）、石井と滝乃川学園を創設した。ここで、康子も病で亡くし、残された長女幸子も入退院を繰り返した後に他界した。筆子は娘たちの誰一人として幸せにしてやれなかった悲嘆を抱きつつ教育に打ち込むのだった。 学園の教育二〇年を経過した大正九年、子どもの火遊びが原因で学園火災を罹災し、児童六人が	**【道徳的心情】** ・「強い人は弱い人を助けなければなりません。」筆子の耳に、ふと、遠い日に聞いた言葉がよみがえった。 ・広い世界へ飛び立つ日を迎えられなかった娘たち。筆子は幸子が刺しゅうした小さな鳩入りのハンカチを強く握り締め、再び強くなろうと決意した。学園の子どもたちを守り育てるのが自分の使命だ。 ・助けられなかった子どもたちの声が聞こえる。

焼死。社会から見放された子どもたちを守ろうとしたのに、その子どもを死なせてしまった責任と煩悶で学園を廃止しようと決意した。しかし、それを知った人々の学園再開を望む多数の声と手紙。筆子の故郷からも。手紙を読む筆子は故郷の海を思い描いた。一羽の鳥が水面を低くかすめ、やがて青くどこまでも広がる大空へと、高く、遠く飛び立っていった。助けられなかった子どもたちの〈せんせい〉と呼ぶ声が聞こえた。「私には子供たちの声が聞こえる。」

　筆子と亮一は学園を再開し、障害児教育の歩みを最後まで続けた。

〈せんせい〉と呼ぶ声がする。「私には子どもたちの声が聞こえる」と、筆子はつぶやいた。自分は強かったのではない。あの声に助けられていたのだ。その声にこたえよう。応えなければならない。……もう一度、そして、何度でも。

【社会的道徳価値について】

　自分の周辺に苦難や惨事が度重なって起きようと、手を差し伸べるべき人たちへの献身的（慈善）活動は美しく尊いのである。そのような人たちの努力と貢献によって社会は支えられている。

一冊のノート　〈家族の一員〉

　僕と隆（弟）は、六五歳を越えてから益々ひどくなる祖母の物忘れに困り果てている。隆は祖母に頼んでおいた買い物を忘れられ、「私は聞いていませんよ。絶対聞いていません」と言い返された。その夜、祖母が寝た後で困りごとを父に訴えると、「…お医者さんの話では、残念ながら現在の医学では治すことはできないんだそうだ。…おばあちゃんは、おばあちゃんなりに一生懸命やってくれているんだから、みんなで温かく見守ってあげることが大切だと思うよ。…」と、医者の説明を交えて諭された。一週間余りすぎたある日、僕は引き出しから一冊の手垢のついた少し震えた字体のノートを見つけた。祖母が二年ほど前から始めた日記風の綴りである。「おむつを取り替えていた孫が今では立派な中学生になりました。孫

【道徳的心情】

・〈父は、僕と隆に、先日、祖母を病院に連れていったときのことを話し、〉「……。今までのように、何でもおばあちゃん任せにしないで、自分でできることぐらいは自分でするようにしないといけないね。」

・〈一冊のノートの『しっかりしろ。しっかりしろ。ばあさんや。』と読み進めて、〉それから先は、ページを繰るごとに少しずつ字が乱れてきて、判読もできなくなってしまった。最後の空白のページに、ぽつんとにじんだインクの跡を見たとき、僕はもういたたまれなくなって、外に出た。

・僕は、黙って祖母と並んで草刈りを始めた。「おばあちゃん、きれいになったね。」祖母は、にっこりうなずいた。

が成長した分だけ私は年をとりました。記憶も段々弱ってしまい、今朝も孫に叱られてしまいました。……しっかりしろ。しっかりしろ。ばあさんや」と、父の説明が祖母の言葉で記されていた。

　僕は外へ出て、庭の片隅で草刈りをしている祖母の横で草刈りを手伝った。

「おばあちゃん、きれいになったね」と労うと、祖母はにっこりうなずいた。


【社会的道徳価値について】

　家庭・家族は最も身近で基礎的な場所であり共同体である。そして、自分を深い愛情で親身になって育ててくれたことを理解し、家族の一員として役割を担い、温かい思いやりの行きかう家族を作りあげていくことが大切である。

海と空　―樫野の人々―
＜日本人の自覚国際協調＞

　私は、昭和六〇年三月、イラン・イラク戦争のさなか、テヘラン脱出のためにトルコ政府が日本人救援にと提供してくれた飛行機に乗り合わせたイラン在留日本人（二一六人）の一人である。トルコ政府が飛行機を提供してくれた背景には、トルコ人が親日的であり、そのきっかけにはエルトゥールル号の遭難者を救助した（明治二三年九月）樫野（和歌山県串本町大島）の人々の話があることを知った。暴風雨の中、沖合で遭難したトルコ人を樫野地区の村人総出で救助にあたり、村の食糧をあらいざらい工面して彼らの体力を回復させたのだった。また、故郷に帰ることが叶わずに亡くなった乗員の多くを水平線の見える丘に手厚く埋葬してあげた。

　樫野から海を眺めていると、「海と空」が水平線で一つになっていた。樫野の「海」と、テヘラン空港の「空」が接合して、国際協調を象徴するかのように。


【道徳的心情】
・樫野の人々は、ただ危険にさらされた人々を、誰彼の区別なく助けたかったに違いない。その心があったからこそ、百年の時代を経ても色あせることなくトルコの人々の中に、親日感情が生き続けているということであろう。
・私は、樫野の海を見た。「海と空」、それが水平線で一つになっていた。
　＊海…樫野（日本）　＊空…トルコ

【社会的道徳価値について】

　人命救助にあたっては、外国人であれども献身的に努力しなければならない（国際貢献）。国民のそのような利他の精神と行動で、日本と諸外国との友好という国際協調の大きな課題が進められていく。


（筆者作成）

これらを子ども側からの言葉で集団や社会へのかかわり方を表現すると、以下のようにまとまる。

法ときまりを守り、公正公平に生き、社会と集団の一員としての自覚と責任をもち、人（公共）の役に立ち、社会に貢献し、郷土と国を愛し、以て「日本人としての自覚をもって、私にできることは何だろう、私がやらなければならないことは何だろう(12)」と、公共的国家・社会人の意識を持つ。

キーワードで表わすと、規則・規範、公正・公平、自覚と責任、社会貢献、愛国心、日本人としての自覚となる。この示された社会的人格像が、教育基本法第一条（目的）の〈人格の完成をめざし、平和で民主的な国家及び社会の形成者として必要な資質を備えた心身ともに健康な国民の育成〉を期する諸資質及び能力に結びついている。道徳（教育）が、人格の完成をめざす中核部分になっている。

三　修身科教科書に相似し、科学的認識を希薄化する『私たちの道徳』（二〇一四年度）

一　教育全体の道徳主義（道徳主義教育）

研究一の経過のように、『私たちの道徳』の内容を道徳的価値で区分した上で、教育基本法第二条（目標）との対応関係を調べてみると、それが第二条を直接引き受けるという関係性をもって構成されていた。

さらに検討すると、第二条それ自体が道徳的様相を有している。つまり、第二条の全条項はそれぞれの教育目標を遂行する規準として「態度を養うこと」という文言を付している。具体的には、第一項では〈真理を求める態度を養い〉、第二項には〈勤労を重んずる態度を養うこと〉、第三項は〈その発展に寄与する態度を養うこと〉、第四項は〈環境の保全に寄与する態度を養うこと〉、第五項は〈平和と発展に寄与する態度を養うこと〉となっている。第一条に示すように、教育の目的は個々人の人格完成を第一義に置いている。ところが、その第一条が〈平和で民主的な国家及び社会の形成者として必要な資質を備えた心身ともに健康な国民の育成を期して行われなければならない〉として、人間の人格像を「必要な資質の総体」という意味に変換して、個々人の人格よりも国家及び社会の形成者のために必要な資質の育成に重心を移している。この文脈からは、社会人としての必要な資質として、諸々の「態度を養う」という意味が読みとれる。そのような態度を望ましいとする社会人が道徳教育を通じて必要とされている。

第二条の中で、態度の育成よりも強く精神性を求める条項部分として、第五項の我が国と郷土を「愛する」がある。旧法は真理と正義を「愛し」となっているが、新法では真理について、それを〈求める態度（第二項）〉へと変更している。その上で、「愛する」対象が我が国と郷土に置き換わったのである。こうした変更に伴って、精神的あり方も質的な転換がなされている。具体的には、旧法第一条（教育の目的）は、〈真理と正義を愛し〉に続けて、〈個人の価値を尊び、勤労と責任を重んじ、自主的精神に充ちた心身ともに健康な国民の育成を期して〉教育を行い、旧法第二条（教育の方針）では、〈学問の自由を尊重し、実際生活に即し、自発的精神を養い、自他の敬愛と協力によって、文化の創造と発展に貢献するように努めなければならない〉とあった。その部分を新法で見ると、「自主的精神と自発的精神」が「自主及び自律の精神と公共の精神」へと変更されていた。真理と正義を愛する人格像から我が国と郷土を愛する人間像へと愛する「対象」を変換すると、人間は国家と社会の前で個人としてよりも公共の人として振舞うことを求められる。

『私たちの道徳』にもそのような人間像が表れている。例えば、教材「小川笙船」の道徳授業では、貧民救済という筌船自身の歴史的功績の理解を傍に置いて、利益を決して求めない他者利益／自己犠牲の生き方を通じて社会の一隅を照らす〔役割の自覚〕という清貧の道徳に置き換わる。そのような生き方やあり方（態度）を学習させる「読み物」教材からは、国家・社会に生きる人間像が如実に浮かび出てくる。

現行の学習指導要領総則 第一の〈学校における道徳教育は、「特別の教科 道徳」を要として学校の教育活動全体を通じて行うものであり〉とした全面主義的道徳教育を説きつつも、道徳指導内容は第二条を直接の法的根拠とする「特別の教科」となっている。かくして、「道徳科」を教育課程の筆頭教科に置く教育全体の道徳主義が明らかとなった。

二 道徳教育の究極目的 ―日本人精神の育成―

小学校五・六年『私たちの道徳』及び中学校『私たちの道徳』にある「読み物」教材の最後には、両方とも日本人としての自覚と国際協調を求める内容が配置されている。表3の「ペルーは泣いている」、表4では「海と空 ―樫野の人々―」である。それは、学習指導要領 総則 第一に「学校における道徳教育は、……、民主的な社会の発展及び国家の発展に努め、他国を尊重し、国際社会の平和と発展や環境の保全に貢献し未来を拓く日本人を育成するため、その基盤としての道徳性を養うことを目標とする」とあるように、種々の道徳性を涵養することによって、その最終目的は未来を拓く日本人を育成するという道徳教育方針に基づいている。この日本人としての自覚育成を最終目的とする道徳教育の方針は、一九五八年告示の学習指導要領から継続して明記されていた[13]。さらに、学習指導要領解説（一九九九）以降は、より良く生きるための基盤となる道徳性の育成が道徳教育の目標とされた。その意味合いからすると、〈より良く生きる日本人の育成〉に最終的な社会的道徳価値が置かれたと考えられる。表3の「人間をつくる道 ―剣道―」での社会的道徳価値を示したように、〈日本の伝統や文化に学び、日本人の精神を受け継ぐことは、大切で美しい生き方である〉と、そのことがより鮮明に表れている。そこに帰属する社会観は、現実社会を可変的に捉えず、現在を平和で民主的な社会であると規定した上で、その国家・社会を形成する日本人としての精神に優位な価値を求める社会的認識の構造である。日本人精神を美化して教化するところが、第二条第五項の愛国心育成に関連してくるのである。

さらに、小学校五・六年『私たちの道徳』の道徳的価値は、渡部昇一監修『国民の修身』二編に編集された徳目にも概ね通じていた（表1の【「国民の修身」における内容と道徳的価値 ③】）。二編を調べてみると、各学年最後の読み物（徳目）に、一・二年生では〈よいこども〉を、三年生から六年生までは〈よい日本人〉を配置してあった。『私たちの道徳』の編成方針と、修身科教科書のそれらとが構成的に相似しており、しかも日本人精神を昂揚する最終目的もが合致している。

これら一連の過程と相関性を総合すると、教育基本法第一条での国家・社会的人格形成観の提示と、第二条の道徳主義化を根拠に、教科道徳を介して教育全体に道徳主義教育を敷き、修身科教育と相似型の『私たちの道徳』（現在は検定教科書）を通して日本人精神を教化していこうとするところに、教育勅語・修身科教育体制の復活・再編の企図が明確になった。戦前教育史をたどると、明治憲法下の修身科は教育勅語（一八九〇）の超国家主義的な世界観を教化するための中心的役割を果たし、改正教育令（一八八〇）からは、小学校教科の筆頭科目に位置づいていた。[14]「特別の教科 道徳」の教育全体における位置づけは、それを追随している。

三 道徳の教条化によって、科学的認識の希薄化をもたらす『私たちの道徳』

研究二からは、小学校五・六年『私たちの道徳』及び中学校『私たちの道徳』の〈4 主として集団や社会とのかかわりに関すること〉の領域に編集されている「読み物」教材には、その学習によって求められる公共的国家・社会人に必要な資質である規則・規範、自覚と責任、社会貢献、愛国心、日本人としての自覚について、いずれも道徳的感動を誘う美談で構成されている点が共通していた。その文脈上で体験する教材の美談は、道徳的価値を理解して態度を養成する目標に寄与する。極論すると、「読み物」教材は、美談に依拠しなければ道徳的価値の理解と態度の養成ができない。

道徳的態度や行動について、一般社会では妥当性のある道徳内容を軽視できない意味において道徳一般は成り立つ。しかしながら、学校（公教育）が児童生徒全体に対して一律に行う「道徳科」において、通例的に道徳に対して求める《汝、……を為すべし》の当為論で指導すると、たちまち教育上の諸問題が出てくる。

第一に、児童生徒側の問題である。美談と感動体験の「読み物」教材によって、当為論のもとで公共的国家・社会人観の画一化に向かうと、そこから逸脱する子どもの心情や道徳的思考を容れなくする。表3の「人間をつくる道―剣道―」が、教室で読み進められると、日本人の精神を受け継ぐことは美しいとの教条化が一斉に行われ、それがより良い生き方となる。一方で、文中にあるようなその価値が理解できない状態にあった以前の僕（「いってきまぁす。はあ…。」）の姿や、そのような感じ方や生き方に至れない児童生徒は、「道徳科」を通じて「よい子」群から外れていく。学校や学級の集団から排除されまいと必死に生きようとしている彼等に、教科道徳までが道徳的選別を進めるようになる。

第二は、教師側の問題である。「読み物」教材の指導を通じて一定の社会的道徳価値を方向づけるということは、教師と児童生徒双方が模範的社会人像を授業の中で模索することになる。「道徳科」を教育の中核に置いた教育課程の下では、定型化した道徳的価値への教化を強める。「読み物」教材に付加された道徳的感動と心情が大仰なのは、他に道徳的価値（徳目）を教化する有効な方法がないことを証しているのであって、この教化方法を教師の姿に映すと、大仰でまことしやかな教師像が結ばれてくる。道徳性の育成には、〝いま・ここで〟を逃さない実際性・現場性に即した指導が肝要なのだが、子どもの前に立つ「あるべき」道徳的教師の姿は、生活指導にリアリティーを失い、子どもの生の声を聴く力を弱める関係性を生み出してしまう。

第三は、「読み物」教材自体の問題である。集団と社会にかかわる一連の「読み物」教材をまとめると、法ときまりを守り、公正公平に生き、社会と集団の一員としての自覚と責任をもち、人（公共）の役に立ち（貢献し）、郷土と国を愛し、それによって日本人としての自覚をもって生きることであった。その教化と定型化が個人固有の葛藤や苦悩、迷い等の心情を後景に置いてしまって、人間理解に乏しい道徳性に留めてしまう。従って、「読み物」のストーリーに道徳的感動と心情をいくら盛り込んでも他者との友好的な人間性を育めないし、集団や社会の側にある課題・問題を掌握しようとする動機・意欲・認識力は育たない。表4の「二通の手紙」に即してみると、一方的な停職処分を受けて退職を決意しても、なお晴れ晴れとしている表情を示す元さんの言動（美談）は、児童生徒に〈きまりや法は人間関係の情状酌量に優先される〉社会的道徳価値と、自らに不利益を被っても他者に不利益を与えない考え方・生き方を求める。そのような考え方・生き方を道徳的価値として評価すれば、より良い社会関係を求めて社会側の問題（責任）に対する意思表示を自重させてしまう。

上記の諸問題から、「道徳科」における教育方針上の基本的問題が提起される。旧法 第一条（教育の方針）の「学問の自由を尊重し、実際生活に即し、自発的精神を養い、…」が、新法では、第二条に態度主義・自律的精神・公共精神へと変更された。自発的精神は真理と正義に接近する認識の要件である。科学的認識とは、自然と社会、人間の現実態に対して、認識を客観的論理的に体系化していく思考であり、正に実証的認識活動である。

そこで、旧法が擁護した自発的精神を発揮して自らの考えで「読み物」教材を読み進めていくならば、教材「きまりは何のために」で、議会での多数決原理による法体系と学校児童会の規則成立を同列にする問題や、被害を与えた低学年への顧慮もなく校庭遊び休止の事態を受けて、きまりは何のためにあるのかと話し合おうとする態度（姿勢）には疑問を持つだろう。また、教材「愛の日記」や教材「海と空 ―樫野の人々―」では、一部に史実さえ疑問視される「読み物」構成の問題点が浮かび上がるだろう。思考を深めたい課題がさらに現れて、児童生徒の現実生活にも関連させた「自発的探求の道徳」の授業が十分にできよう。

佐貫浩（二〇一五）によれば、自主的判断力の形成が道徳性を高める根幹要因になるとして、道徳性の教育を進める場としての生活指導と各教科の学習を示した。その教科学習による科学や文化の習得と科学的認識力の形成過程で確かな思考力・判断力・社会的正義探究力が形成されて、それらが価値基準を決定する道徳的判断力の確かな源泉となる。[15] ここからは、科学的認識の発達と道徳性の育成が結合するところに道徳性自体の発達が展望できる。

学校教育全体の基幹的役割が諸教科及び領域における知識や技能、文化の確実な習得と科学的認識力の体系化であるのに対して、「道徳科」は美談や価値命題によって、道徳性の教条化、定型化、心情化を強める。先に見たような教育全体の道徳主義のもとでは、「道徳科」が他教科の科学的概念体系（認識力）の発達を阻害するという矛盾を呈することになる。この問題性が児童生徒の科学的認識の希薄化を進め、社会の諸問題への関心を弱めてしまう。

四　科学的探求課題としての道徳

戸坂潤（一九六六）は、あらゆる足下の現実を掴む実証的認識活動と機能を科学的精神と規定し、「科学的精神は、あれこれの精神のひとつなのではない。普遍的精神なのだ[16]」として、道徳現象に対しても科学的精神を基盤とする道徳の科学性を論じていた。その論点は、真理への途を離れて道徳は成立しないのだから、自己が一身を投じて真理を追求する人間のあり方の真実性が道徳の本質であり、その真理追求への道徳心は自己が進める科学的認識の過程でもあるとしている。道徳性の伸展に認識機能が占めてこそ、それが自己に自身のものとして知覚される。道徳性の感性的側面にあたる道徳的感動や心情は、認識上の実践・実証の発露面（第一機能）となって、道徳的実践の確かさを感性的に検証しているのである。

道徳性の伸展と自他の関係認識の発展には、強い関連性があると考えられる。この点について荒木寿友（二〇一三）によると、一身上の真理を求める人間のあり方は、コールバーグの道徳教育論に立脚する「正義の原理」希求に解題できる。そして、道徳性の発達プロセスを最終段階（第六段階）・普遍的な道徳的価値段階まで表象し、それを論理的に解明する手がかりとして自他の相互作用に生起する認知構造（機能）の発達過程―分化と統合の弁証法―を置いたところには弁証法的な基軸が示されている。[17]

荒木のように、自他及び観念・事物に対する認識の発展過程が大局的に保障されるところに道徳性の伸展も図れるのだが、道徳の徳目主義にはカントの定言命法が敷かれる。[18] 即ち、《汝、…すべし》という当為化した規律・規範／自覚と責任／社会貢献／愛国心／日本人としての自覚等が、自主・自律の精神、及び公共の精神の規準となり、そのような行動規準が現実の局面に適用される。それは、態度優先のモラリストを育成することになる。これらを一般社会に強要すれば、国による国民への思想信条の国家的浸透であるが、学校教育下においては定型モラリストの集団を「育成」する。それを意図した「道徳科」教育ならば、道徳教育を以って徐々に国民意識を統制しようとする権力的カリキュラムとなる。

明治憲法・教育勅語の身体化が修身科道徳であった。その教育勅語精神（修身科道徳）が強化された結果、歴史事実として民衆は戦地に駆りだされたり、銃後の守りを強いられた。一人ひとりの道徳観念と道徳的行為は、道徳という観念的行為であったとしても、歴史の上ではその時代の客観的事実として歴史的現実を刻んでいった。国内外に招いた戦争の惨禍と悲劇の歴史を反省してこそ日本国憲法が制定され、教育勅語が廃棄された。併せて、監視しなければ抑圧的になる国家権力の横暴を阻むものとして主権が国民の側に存在している。

その歴史と真実こそが、日本国憲法の憲法的精神に依拠した国民自らの道徳を探求・創造する正当な理由である。

注

（1）渡部昇一監修『国民の修身 高学年用』産経新聞出版、二〇一三年、七ページ。

（2）渡部昇一監修『国民の修身』産経新聞出版、二〇一二年、一九ページ。

（3）貝塚茂樹『道徳の教科化――「戦後七〇年」の対立を超えて――』文化書房博文社、二〇一五年、二九〜四四ページ。

（4）浪本勝年・岩本俊郎他編『史料 道徳教育を考える』北樹出版、二〇〇六年、七二、七三ページ。

（5）前掲書の（1）（2）と、（4）で対比検討した。天野の国民実践要綱三二項目のうち、三〇項目が右記二編（1）（2）中の徳目に符合した。符合しない二項目は〈自由〉、〈世論〉。

また、天野の道徳的意図が明瞭な〈第四章 国家〉を敢えて除外したのは、国家機構の相違が存在する（例えば、軍隊、徴兵・兵役の有無等）ためである。

（6）渡辺雅之「道徳の教科化に立ち向かう教育実践 ―教室と世界をつなぐ道徳教育を」『人間と教育 No.86』旬報社、二〇一五年、四六ページ。
（7）中教審（二〇一四／一〇／二一）は「読み物の登場人物の心情理解のみに偏ったり、児童生徒に望ましいと思われる分かりきったことを言わせたり書かせたりする授業の問題がある」と明記し、「言語活動や多様な表現活動を通じて、また、実際の経験や体験を生かしながら児童生徒に考えさせる授業を重視する必要がある。互いの存在を認め尊重し、交流し合う経験は、児童生徒の自尊感情や自己肯定感を高める上でも有効と考えられる」と答申した（中央教育審議会答申「道徳に係わる教育課程の改善等について」）。
（8）吉田一郎・井ノ口淳三・広瀬信編著『子どもと学ぶ道徳教育』ミネルヴァ書房、一九九二年、一六〇ページ。
（9）道徳教育における科学的認識問題には、他に〈主として自然や崇高なものとのかかわりに関すること〉の領域で、生命（人間）の有限性への儚さやいたわり、自然の無限性に対する畏敬と感動の念を呼ぶ宗教的情操の道徳が持ち込まれ、その実存主義・神秘主義が自然と世界への科学的理解を阻んでいる。それには人智を超越した働きを表象させる作用があり、他の領域と一体化して生命観・世界観を構想しているのだが、その背景と目的、意図については注（14）に記す。
（10）文部科学省『小学校学習指導要領解説 道徳編』二〇〇八（平成二〇）年八月、一七ページ。
（11）同右、一八ページ。
（12）文部科学省『私たちの道徳 小学校五・六年』廣済堂、二〇一四年、一七六ページ。

(13) 日本人育成や日本人精神という概念自体は問題を有しない。だが、学習指導要領を告示した政権主体が日本人や日本人精神育成に関連して、そこで動いていた政治行政的施策を一九五八年前後で提示すると、警察予備隊発足（一九五〇）、安保条約発効（一九五二）、警察予備隊を保安隊に改組（一九五二）、池田・ロバートソン会談で国防を確認（一九五三）、防衛庁設置法・自衛隊法公布（一九五四）、防衛庁が「学校教育に関する要望書」提出―自衛隊、国防・愛国心教育の強化を求める―（一九六二）が挙げられる。日本の国防問題が遡上する時勢に日本人精神が強調されるという関連性は戦前から連綿としている。

(14) 超国家主義を直近の今日的動向で例示すれば、文部科学省がまとめた学習指導要領説明書（二〇一五／七／三）に示されている。「我が国」「国」を歴史的・文化的な共同体と定義して、政府や内閣などが及ぼす統治機構とは区別された構成体とする概念がそれに当たる。戦前の教訓として、国家権力の掌握過程では権力の反国民性を隠蔽しつつ強化する動機から、統治機構を超えた不朽の人倫的世界圏（例、「天孫降臨」、「八紘一宇」）を敷き、権力統治の絶対化を図った。

(15) 佐貫浩『道徳性の教育をどう進めるか』新日本出版社、二〇一五年、五七～六二ページ。

(16) 戸坂潤『戸坂潤全集 第一巻』勁草書房、一九六六年、三〇八ページ。

(17) 荒木寿友『学校における対話とコミュニティの形成 コールバーグのジャスト・コミュニティの実践』三省堂、二〇一三年、四四～六六ページ。

(18) カント『実践理性批判』波多野精一・宮本和吉・篠田英雄訳、岩波文庫、一九七九年、七二ページ。

実践編

第四章　現代日本の道徳

一　日本国憲法が導く現代日本の道徳

一　理論としてのオルタナティブ（対向軸）

第二章で見たように、自民党の『日本国憲法改正草案』（二〇一二）（以下、「草案」）は、それが法律条文であり、しかも「草案」であるにもかかわらず、国民に浸透させようとする道徳心の要諦が示されている。そこには、郷土愛と愛国心の涵養、家族主義、人権の抑制、公益と秩序を基底にする公民思想等があった。

それらを根拠づける歴史認識は、日本の近代史における近隣諸国への侵略と植民地支配を反省せずに修正する歴史観にあり、従って天皇中心の国家体制を再び構築しようとする。それには、世界の歴史が到達してきた政治上の立憲主義と社会制度、人権思想、平等思想を理解しようとする気配がない。復古主義の特徴を如実に示している。

約七〇年に渡り日本国憲法のもとで生活してきた今日の社会と国民にとって、その流れに危険性を抱くのは、その復古主義が保守政権の狙う戦争国家体制強化と共鳴し合って、歴史的な大逆流に遭遇しているからである。それと相まって、学校教育下に「特別の教科 道徳」を置いたことにより、公教育の初期段階から「道徳的価値」という装いで「公民的」精神が定着させられつつある。

学校で学ぶ子どもたちは、やがて成人し、結婚したら子育て世代になる。すると、学校教育を通じて親子両世代にわたって「公民的」道徳精神の浸透が進む。その手立てとして道徳教科書があるのであり、それは単なる冊子ではなく一連の思想的教本である。

この重大な問題意識を旧文部省時代から平成末期の文部科学省までを通して（一九七九〜二〇一七）、文部行政の中枢にあり、文教施策の表裏を経験してきた前川喜平氏は、肌身に感じ取っていた。寺脇研氏との対談で、以下のように述懐している。

「たしかに政治の世界では今、国家主義と新自由主義が結びついているのを感じますね。一人ひとりはお国のために尽くすべきだという復古主義的な考えが台頭してきて、それによって国民を束ねようとする力がはたらく一方で、市場において自由競争を徹底させればうまくいくといった市場原理主義が幅を利かせていて、この両者が結びついている。主体性のある個人と個人が結びついてパブリックな社会をつくるのではなく、あらかじめ「お国のため」というイデオロギーを強く打ち出して人々をガチッと束ねる一方で、あらゆるものが市場で取り引きできるよう、その範囲を思い切り広げて、弱肉強食の競争をさせる。その競争に勝った者が正義なんだという、そんな空気が蔓延しています。[1]」

前川氏の述懐の中で、国民が自分自身の生活と人生を営むキーワードは〝主体性のある個人と個人が結びついて〟である。市民社会における個人の尊重、個人の尊厳とも換言できる。それを、日常生活に則して文章表現すると、《人としてみんな同じであり、同時に一人ひとりに違いがあり、個別的で個性的である。だから、一人ひとりをお互いが大切にし合う。一人ひとりは人生を輝かせて生きることができ得るし、誰もそれを侵してはならない。》

日本国憲法においては、「個人の尊重」の用語は第一三条に記されている。〈すべて国民は、個人として尊重される。生命、自由及び幸福追求に対する国民の権利については、公共の福祉に反しない限り、立法その他の国政の上で、最大の尊重を必要とする。〉続いて、第一四条以降に法的平等、及び精神的自由（思想・良心、信教、表現、学問等の自由）が置かれている。

また、「個人の尊重」の意味に近い表現としての「個人の尊厳」がある。その文言は憲法第二四条に（のみ）記されている。〈婚姻は、両性の合意のみに基づいて成立し、夫婦が同等の権利を有することを基本として、相互の協力により、維持されなければならない。二　配偶者の選択、財産権、相続、住居の選定、離婚並びに婚姻及び家族に関するその他の事項に関しては、法律は、個人の尊厳と両性の本質的平等に立脚して、制定されなければならない。〉そして、第二五条以降には、社会権（生存権、教育を受ける権利、勤労の権利及び義務、労働基本権等）が並んでいる。

これまで、憲法学の通説では、第二四条の「個人の尊厳」は第一三条の「個人の尊重」と基本的に同じ意味であり、封建的な家制度から個人一般を解放したものであるとみなされてきた。また、両性の本質的平等も第一四条「すべて国民は、法の下に平等であって、人種、信条、性別、社会的身分又は門地により、政治的、経済的又は社会的関係において、差別されない」とする「性別」による差別も禁止している法の下の平等規定と同じ趣旨だと理解されてきた。個人の尊重や平等を、（特に女性を抑圧してきた）家制度を解体することによって家族の領域にまで徹底させようとしたものが第二四条というわけである。

ここで、条文の配列を注意深く調べると、第一五条の参政権、そして第一八条から第二三条まで諸種の自由権が定められ、それに続くのが第二四条である。そのあとに、第二五条の健康で文化的な最低限度の生活を営む権利、第二六条の教育を受ける権利、第二七条の勤労する権利など社会権規定が続いている。自由権規定と社会権規定に挟まれて、かつ両方を繋ぐものとしての位置に第二四条がある。憲法の教科書では、第二四条は第一三条や第一四条の付け足しのような扱いを受けるか、あるいは、全く無視されることさえあったようだ。

笹沼弘志（二〇一八）は、「日本国憲法の成立に至る過程で、ＧＨＱ民生局行政部憲法草案準備のための諸委員会の内、人権に関する委員会が作成した憲法草案中の「人権」の章では、一総則、二自由権、三社会的権利及び経済的権利、四司法上の人権の四部に分かれていて、第二四条の原案となった条文は、三社会的権利及び経済的権利の冒頭に置かれ、いわば社会権の中でも最も重要な基礎的規定であった[2]」と確認している。そして、自由権規定と社会権規定との間に第二四条が位置づけられていることについて、すべての人に自由（権）を現実的に保障するためには、どうしても社会的な諸権利を保障することが必要であり、「すべての人が自由に自分の幸福を想い描いて追求していくことを保障しているのが日本国憲法なのです。そして、第二四条こそが、日本国憲法の人権体系の要となっているのです[3]」と論じている。第二四条【家庭生活における個人の尊厳と両性の平等】の思想は、社会的生活の基礎的領域を占める家庭内の基本的精神を明示している。その個人の尊厳と両性の平等は、家庭生活の領域だけに通用するのではなく、人間の社会的思想にとっても基底的な思想となるものである。

家庭生活における人間関係のあり方や家族観が社会のしくみを説くにあたっても貴重であることを、家庭や家族にまで立ち入って言及する「草案」が物語っているのである。

さて、日本国憲法の理念をもとにして、〔個人の尊重と尊厳〕を含め、国民が家庭と社会生活の領域で、一人ひとりの暮らしや人生におけるあり方・考え方を共有できる概念として、以下のコモンセンス（common sense：常識、良識）を提示する。

〔自由と人権〕
〔個人の尊重と尊厳〕
〔平等〕
〔協同〕

これらのコモンセンスは、〈そこに在るもの〉〈すでに在るもの〉として国民に与えられたものではない。この時代に暮らす人間がそれを共有し、守り、育てていくことによって成立するものである。

第一二条【自由・権利の濫用の禁止】が、そのことを説いている。

「この憲法が国民に保障する自由及び権利は、国民の不断の努力によって、これを保持しなければならない。又、国民は、これを濫用してはならないのであって、常に公共の福祉のためにこれを利用する責任を負う。」

これは、国民一人ひとりに対して、日々の社会生活に求める憲法上の要請である。今日に生きる国民が、国民自身のものとして社会的規範やモラルを作り出していく自主的責務が求められている。もちろん、憲法は公権力の側にも「公共の福祉」のためであれば人権をいくらでも制限できるという根拠を与えていないし、定型の社会規範を示して「定型の公共」を求めることも認めていない。

〈そこに在るもの〉〈すでに在るもの〉としてではない上記のコモンセンスは、もう一つの特質を備えている。それらは単に概念として在るのではなく、それらに対抗する要素を社会の内部にかかえ、それらとの対立やせめぎ合いを経ながら存立しようとする。

コモンセンスが内部に持つ対抗する諸要素は、概ね以下のようなもの（考え方）である。

〈自由と人権について〉：究極の自由は個人の内心の中にある。社会的な自由は社会の事情や制度によって制限されることがある。結果として、人権は制限される性質を持つ。

〈個人の尊重と尊厳について〉：「個人」の徹底は時として利己主義の拡散につながる。「草案」に示されているように抽象的に「人として尊重される」へと置き換えることで利己主義を抑制できる。普遍的な「人」は、公徳心のある公共の人・公民を期している。

〈平等について〉：平等の目標は、〈差別されない〉状態像としての観念的平等である。社会への関与や社会的公平にかかわる平等論は利害が関係していて、公正さを失なう場合が多い。ちなみに、（第二節で詳しく見ることにするが、）学習指導要領の道徳科で道徳的価値として示された二二の内容項目に「平等」は入っていない。

〈協同について〉：〈助け合う〉という〝協同〟の意味が大切だ。その典型が〈家族は、互いに助け合わなければならない〉とする「草案」二四条に表れている。自立する個人が願いや要求を持ち合わせて集まり、集団を形成していくような協同ではなく、協同の限定と意味の矮小化にとどめる。

このような対抗する要素（考え方）との拮抗や対立を契機に、それを跳躍台にして時代が進んでいくのは社会事象の法則のようである。今日の道徳的観念をめぐる論争は、戦前の封建政治体制と教育勅語教育が戦後においても社会的に清算されなかった事情もあり、その性質は、過去の思想と体系を現在に復活させようとする企てと、未来を創造するものとの対抗となっている。憲法体系の基盤を失っているにもかかわらず修身道徳をリニューアルしようとする歴史修正主義は戦前への回帰を描くが、「草案」が説く〈天皇を元首とする〉憲法体系は一五〇年前の大日本帝国憲法（明治憲法）にまで遡っている。

二 主体としてのオルタナティブ（対向軸）

通例では、道徳は守るべきものと解されている。それは法律のように条文化されていないが、人間の思考や行動を統制する力をもっている。戦前の哲学者・戸坂潤は、道徳の背後にある権力の権能を指摘し、次のように言い当てる。

「道徳は併し権威を持っているというだろう。処が、その権威は、実は単に権力が神秘化されたものに過ぎぬ。[4]」

戸坂の指摘に従うと、「草案」は、国民に対して天皇の元首化と国民主権の後退、人権の縮小と義務の拡大を迫り、日本文化と伝統を守ることまで明示（条文化）し権威づけようとしていて、法と道徳との表裏の関係を明かしている。加えて、それらが現行憲法の根本的理念さえ消し去ろうと対抗しているのが「草案」の本質である。

日本国憲法は、人権尊重主義、平和主義、国民主権主義を定めている。憲法は、国民の側が持つこれらの憲法的諸価値を国家権力に対してそれらを擁護すべきと課している。戦前の天皇制国家に対する批判と抵抗の事実があったとはいえ、弾圧（治安維持法）によってことごとく制圧された。そして、敗戦と占領状態下から戦後の日本が開始されたので、国民は日本国憲法に対して、それを〈与えられたもの〉とする国民意識が今日も続いている。国家の統制機能を縛るものであるという近代立憲主義の憲法理念は、学校教育全体の中でも見過ごされてきていた。道徳科はそれを隠す役割を負っている。

イギリス、アメリカ、フランスなど、近代立憲主義諸国の憲法の本流を引き継いだ日本国憲法は、（当然）ジョン・ロックの「自然権思想」に基づいている。人は生まれながらに生命・自由・財産の権利（「自由権」）を持っており、これを守るために、市民が契約によって政府をつくり上げた。この契約による政府が正しく機能しないときには、市民はこれに抵抗する権利をもっているという考え方である。政府の権力は市民との契約に基づくものであり、その権力を行使するときは契約に拘束されることになる。この契約にあたるものが憲法であり、この仕組みが立憲主義である。すなわち立憲主義とは、すべての人々を個人として尊重するために憲法を定め、それを最高法規として国家権力を制限し、人権保障を図る思想である。日本の場合、憲法を自らの手にした歴史的経緯が違うので、欧米諸国と単純に比較することはできないが、多くの日本国民は日本国憲法を護るべき一般法と同等に解釈している。国家総動員体制を強いた治安維持法は多くの良心と生命を奪い、国民・知識人の思想を委縮させただけでなく、戦後日本の思想的後進性にまで影響を及ぼしている。

そのような歴史的経緯を踏まえ、改めて考えると、日本国憲法によって、国民は憲法的価値を自身のものとして創り出していく自主的課題を手にしている。〈与えられたもの〉ではなく、創りだしていくものとして、不断の努力によって保持することを要請する日本国憲法の意味は極めて大きい。

国家との関係で言われる〈国民〉と、憲法を制定する基盤としてある〈市民〉とを比較考量すると、道徳を考える場合には、国家と一定の距離を保つ意味を持たせる〈市民〉の立場で道徳を語るのが《創りだす》道徳に適（かな）っている。

人は生まれながらに生命・自由・財産の権利（「自由権」）を持っており、これを守るために市民は契約によって政府をつくり上げ、同時にこれを守るために、市民は道徳を共に生み出していく。すなわち、権威・統制の道徳から共生の道徳の途へと進むのである。

先に、平等の概念が、ややもすると〈差別されない〉状態像としての平等に止まって、社会への関与や社会的公平にかかわる平等観へ向かえきれない事情を述べた。自由権を有する市民の立場で考えていくと、市民は平等の観点を貫いて人間や社会のあり方を深く追求できるのではないだろうか。

その主体としてのオルタナティブを支える思考と精神の中核にあるものは、科学的思考とその精神である。科学的認識を希薄にさせるようなこれまでの道徳的価値理解や道徳的態度は、実証と検証のスタイルを回避しているので、時に論理的でない思考内容が含まれる。道徳的な価値（観念）が人間のあり方や社会の現実と矛盾を起こすことなくより良い方向に指向しているかを自ら主体的に検証しつつ行動できるのは科学的な思考力に待つほかない。この実証的な認識の仕方が道徳領域の基礎にあることで諸科学との結節を果たすことができ、道徳性の伸展の保障にもなる。

それに止まらず、どうしても階級性を帯びてきたこれまでの道徳性の質的転換を成し遂げていくのが科学的思考による認識・行動と精神である。

二　学校教育下の道徳

一　学習指導要領における道徳教育

(1)「中学校学習指導要領(平成二九年告示)解説 特別の教科 道徳編」に見る道徳教育について

二〇一四(平成二六)年二月、文部科学省は道徳教育の充実を図る目的で中教審に諮問し、同年一〇月に答申「道徳教育に係る教育課程の改善等について」が出された。この答申で、「特別の教科 道徳」(答申当時は仮称)と検定教科書の導入が盛り込まれ、翌年二〇一五(平成二七)年三月に学習指導要領の一部改正がなされた。二〇一七(平成二九)年には学習指導要領が全面改訂され、今日の道徳教育に至っている。

本節では、道徳教育の目標や内容、指導のあり方等について考察を進めるにあたり、主として『中学校学習指導要領(平成二九年告示)解説 特別の教科 道徳編』(以下、「解説道徳」)を参考にする。本節で示すページ数の表記は(断りがなければ)「解説道徳」内のページを指す。

●学校教育における道徳教育の位置と役割について

「解説道徳」には、「教育基本法をはじめとする我が国の教育の根本理念に鑑みれば、道徳教育は、教育の中核をなすものであり、学校における道徳教育は、学校のあらゆる場面を通じて行われるべきものである」（三ページ）と、道徳教育の位置と役割が示されている。この文章からは、「特別の教科　道徳」での「特別」は、〈教育の中核に占める特別のもの〉と読み取れる。

「生徒の道徳性を養うために、適切な教材を用いて確実に指導を行い、指導の結果を明らかにしてその質的な向上を図ることができるよう、学校教育法施行規則及び学習指導要領の一部を改正し、道徳の時間を教育課程上「特別の教科　道徳」（以下、道徳科）として新たに位置づけ、その目標、内容、教材や評価、指導体制のあり方等を見直した」（四ページ）の文章は、学校の教育課程のもとに位置付けることを明示している。

このようにして、学習指導要領は、道徳科を要として教育活動全体を通じて確実に展開することができるよう道徳教育の体系を確立させた。

●道徳教育の目標について

道徳教育の目標について、中学校学習指導要領　第一章総則　第一の二の（二）には「道徳教育は、教育基本法及び学校教育法に定められた教育の根本精神に基づき、人間としての生き方を考え、主体的な判断の下に行動し、自立した人間として他者と共によりよく生きるための基盤となる道徳性を養うことを目標とすること」とある。

その目標に沿って、「解説道徳」は道徳科と他の教科・領域との関連及び重要性を次のように定義づけている。「各教育活動での道徳教育がその特質に応じて意図的、計画的に推進され、相互に関連が図られるとともに、道徳科において、各教育活動における道徳教育で養われた道徳性が調和的に生かされ、道徳科としての特質が押さえられた学習が計画的、発展的に行われることによって、生徒の道徳性は一層豊かに養われていく」（八ページ）。

●道徳科の目標

中学校学習指導要領 第三章 第一には、道徳科の目標が「第一章総則 第一の二の（二）に示す道徳教育の目標に基づき、よりよく生きるための基盤となる道徳性を養うため、道徳的価値についての理解を基に、自己を見つめ、物事を広い視野から多面的・多角的に考え、人間としての生き方についての考えを深める学習を通して、道徳的な判断力、心情、実践意欲と態度を育てる」と明示されている。そこで「解説道徳」は、道徳的価値を提示するにあたり、教育基本法を根拠に以下のように解説する。

道徳科も学校の教育活動であり、道徳科を要とした道徳教育が目指すものは、特に教育基本法に示された「人格の完成を目指し、平和で民主的な国家及び社会の形成者として必要な資質を備えた心身ともに健康な国民の育成」（第一条）であり、「幅広い知識と教養を身に付け、真理を求める態度を養い、豊かな情操と道徳心を培うとともに、健やかな身体を養う」（第二条第一号）こと、「個人の価値を尊重して、その能力を伸ばし、創造性を培い、自主及び自律の精神を養うとともに、職業及び生活との関連を重視し、勤労を重んずる態度を養う」（同条第二号）こと、「正義と責任、男女の平等、自他の敬愛と協力を重んずるとともに、公共の精神に基づき、主体的に社会の形成に参画し、その発展に寄与する態度を養う」（同条第三号）こと、「生命を尊び、自然を大切にし、環境の保全に寄与する態度を養う」（同条第四号）こと、「伝統と文化を尊重し、それらをはぐくんできた我が国と郷土を愛するとともに、他国を尊重し、国際社会の平和と発展に寄与する態度を養う」（同条第五号）ことにつながるものでなければならない（一四ページ）。

これらにより、中学校学習指導要領　第三章　第二の内容に示す二二の内容項目（概念）の大半を法律条文が保証した。即ち、視点を変えると、二〇〇六年に改正した教育基本法の第二条は道徳教育を推進する二二の内容項目を予定し、二二の内容項目は第二条を直接に引き受けている。

上記の道徳科の目標に示されている文章のうち、「道徳的価値についての理解を基に」という理解の対象が二二の内容項目である。この二二項目については、A　主として自分自身に関すること、B　主として人との関わりに関すること、C　主として集団や社会との関わりに関すること、D　主として生命や自然、崇高なものとの関わりに関することの四つの視点に区分していて、それらの「四つの視点に含まれる全ての内容項目について適切に指導しなければならない」（二〇ページ）ことになっている。また、「その全てが道徳科を要として学校の教育活動全体を通じて行われる道徳教育における基本となるものである」（二四ページ）と基礎づけている。

学校教育全体を道徳主義教育と呼ぶのは、これらの構造と体系が教育課程に組み込まれているからである。

●道徳教育の課題と役割

中学校学習指導要領 第一章総則 第一の二の（二）には、道徳教育の課題と役割が以下のように示されている。

「道徳教育を進めるに当たっては、人間尊重の精神と生命に対する畏敬の念を家庭、学校、その他社会における具体的な生活の中に生かし、豊かな心を持ち、伝統と文化を尊重し、それらをはぐくんできた我が国と郷土を愛し、個性豊かな文化の創造を図るとともに、平和で民主的な国家及び社会の形成者として、公共の精神を尊び、社会及び国家の発展に努め、他国を尊重し、国際社会の平和と発展や環境の保全に貢献し未来を拓く主体性のある日本人の育成に資することとなるよう特に留意すること。」

この一文は、教育基本法第二条の各号に関連させている。つまり、第二条の各内容を引き受けたものだが、一方で、そうでない部分がある。一点目は〈人間尊重の精神と生命に対する畏敬の念を家庭、学校、その他社会における具体的な生活の中に生かし〉である。二点目は〈未来を拓く主体性のある日本人の育成に資することとなるよう特に留意すること〉である。この二点について、次項に述べていく。

(2) その問題と課題

先に述べたように、「特別の教科 道徳」で言う「特別」とは、ここで〈教育の中核に占める特別のもの〉であると読み取ったが、上記の道徳教育の課題と役割の項で引用した一文の中に、「以て」を挿入してみる。

「……、平和で民主的な国家及び社会の形成者として、公共の精神を尊び、社会及び国家の発展に努め、他国を尊重し、国際社会の平和と発展や環境の保全に貢献し、（以て）未来を拓く主体性のある日本人の育成に資することとなるよう特に留意すること」

すると、新たな見解を得ることができる。〈以て〉までの各事柄を束ね、それらを以て〈未来を拓く主体性のある日本人の育成に資することとなるよう特に留意すること〉に係っていくことになる。

このような読み取りを促す一文が中学校学習指導要領の第一章にある。中学校学習指導要領 第一章総則 第六 道徳教育に関する配慮事項の二は、指導の重点化を図る内容である。

「二　各学校においては、生徒の発達の段階や特性を踏まえ、指導内容の重点化を図ること。その際、小学校における道徳教育の指導内容を更に発展させ、自立心や自律性を高め、規律ある生活をすること、生命を尊重する心や自らの弱さを克服して気高く生きようとする心を育てること、法やきまりの意義に関する理解を深めること、自らの将来の生き方を考え主体的に社会の形成に参画する意欲と態度を養うこと、伝統と文化を尊重し、それらを育んできた我が国と郷土を愛するとともに、他国を尊重すること、国際社会に生きる日本人としての自覚を身に付けることに留意すること」

　ここで、〈……するとともに、〉までの指導事項を束ね、それらを以て〈他国を尊重すること、国際社会に生きる日本人としての自覚を身に付けることに留意すること〉と、最後の件（くだり）が肝要事項になっていることが分かる。

「解説道徳」は、その肝要さについて「今後ますますグローバルな相互依存関係の中で生きていく中学生にとって、広く社会の諸情勢に目を向け、国際社会で生きる能力を身に付けることはこれまで以上に必要となる。そうした社会の変化に能動的に対応できるとともに、国際社会において自らの役割と責任を果たすことができる日本人となることが求められる」（六一ページ）と説いている。ここにも〈……するとともに、〉があり、道徳教育を通じて、〈日本人として国際社会の中で機敏に生き抜く自覚〉を求めている。「日本人として生き抜く自覚」は、子どもに民族的精神を刻むという意味である。教育課程に道徳教育がないならば、この日本人としての自覚を刻む足場を見つけ出せない。そのように考えると、道徳教育の究極的意図が読みとれる。

さて、敢えて挿入してみた「以て」についてだが、このような構文は、それに類似する教育政策（文章）が歴史的に存在していた。

「……爾臣民　父母ニ孝ニ　兄弟ニ友ニ　夫婦相和シ　朋友相信シ　恭倹己レヲ持シ　博愛衆ニ及ホシ　學ヲ修メ　業ヲ習ヒ　以テ　智能ヲ啓發シ　徳器ヲ成就シ　進テ　公益ヲ廣メ　世務ヲ開キ　常ニ国憲ヲ重シ　国法ニ遵ヒ　一旦緩急アレハ義勇公ニ奉シ　以テ　天壌無窮ノ皇運ヲ扶翼スヘシ……」―『教育に関する勅語』一八九〇（明治二三）年一〇月三〇日―

改正教育基本法（二〇〇六）で教育の目標に愛国心の涵養が盛り込まれるまでの半世紀の間、〈日本人としての自覚〉は愛国心の涵養と強く結びついていた。例えば、一九五八年中学校学習指導要領では、道徳教育の内容に「日本人としての自覚を持って国を愛し、国際社会の一員としての国家の発展に尽くす」とある。同指導要領は、道徳教育の目標にも「……、進んで平和的な国際社会に貢献できる日本人を育成することを目標とする」で結んでいる。つまり、学習指導要領の開始時期から、〈日本人としての自覚〉は、国を愛する心情や国家の発展に貢献する態度と関連させつつ、途切れることなく道徳教育の目標に設定されていたのである。

宗像誠也（一九六一）は、一九五八年の特設道徳（「道徳の時間」）導入に際して、「権力側は第一次の目標を、とにかく『道徳』の時間を特設するというのにおき、そのためにはあまり大きい刺激を避け、強い反対が出ないような形にしようとした[5]」との見解を示していた。二〇一五年の道徳科導入においても同様の意図が働いたのではないだろうか。一九五八年の特設道徳（「道徳の時間」）導入にあたって、多くの教育諸学会や教育諸団体が反対の意見表明を挙げていた。そのときと同じく、中教審答申「道徳に係る教育課程の改善等について」（二〇一四）に対して、日本弁護士連合会は「国家が肯定する特定の価値観を児童生徒に強制する結果になる危険性があり、ひいては、憲法、子どもの権利条約が保障する個人の尊厳、思想良心の自由、意見表明権等を侵害するおそれがある」として、「日本国憲法の下での学校教育において是認される道徳教育の範囲を逸脱するおそれが極めて高く、文科省は、本答申に基づいて学校教育法施行規則や学習指導要領の改定作業を行うべきではない」とする意見書を出した。

日本弁護士連合会が提出した意見書は、〈日本国憲法の下での学校教育において是認される道徳教育の範囲を逸脱するおそれが極めて高く〉と述べている。道徳教育を全面的に否定しているのではないとして、学校教育において是認され得る道徳教育の範囲（領域）があり、そこにも関心を向ける（べき）ことを暗示する含蓄ある内容である。その関心を向けるべき範囲（領域）とは日本国憲法の精神の下にあると言及しているのである。

その法律専門家組織の提起を配慮したのだろうか、それを伺わせるような部分が「解説道徳」

には幾つも見出すことができる。それらを読み進めると、あたかも教育現場や教室での道徳教育実践に《明日の道徳》を期待しているようである。

そこで、「解説道徳」の内容に照らしつつ、教育現場で教師が創り出す《明日の道徳》を考えていきたい。

二　道徳教育の視点　―明日の道徳―

道徳教育は、児童生徒がよりよく生きるための基盤となる道徳性を養う。この場合の〈よりよく〉は「良く」と「善く」の両方を指すと考えることができる。言い換えれば、よりよく生きようとするところに道徳性が問われ、「道徳的価値は、そのよりよく生きるために必要とされ、人間としての在り方や生き方の礎となるものである」（一四ページ）。つまり、道徳教育においては道徳的価値の理解を基盤とし、また、それを前提としている。

道徳的価値というとき、その価値は事実と関連するが同質ではない。つきつめると、価値は主観（的意識）の側であり、事実は客観（的存在）の側に属している。人間の言動や態度、自然や社会の様相から派生する道徳的価値という観念を理解し、それをもとに人間自らの言動や態度に観念的な価値を持たせるのが道徳性である。そのようにして人間の観念領域に依拠する道徳性を、別の角度から人間の営みとして歴史的かつ社会的に見つめると、各個人の社会的諸活動の中に道徳的行為の諸事実が蓄積される。言いかえると、（ここでは階級的性質を捨象したとしても）それぞれの時代の社会生活様式や社会制度（社会機構）のもとで、その社会と時代をよりよく生きようとして道徳（的価値）を求めてきたのである。

そこから考えると、第一に、人間の暮らしや生活現実と関連させてこそ道徳（的価値）の意義を把握することができる。第二に、道徳的価値は時代や社会とともに変容していくものである。

道徳教育においても、道徳の教育的可能性として人間と社会の現実をより良くしていく道徳性を育成することができるのではないだろうか。もちろん、それは人格の完成を目指すという教育の基本的目的に沿って進めるのであって、一人ひとりの子どもの全人的発達・成長と幸福追求権から逸脱してはならない。

（1）生活と現実の認識

［キーワード］疑問や問題を前にして　―対立する考えを把握する―

一般的には、自分自身や他者、社会との関わりに関して経験する現実・事実には、心理的な迷い・動揺、意見や対立、問題・課題があり、それらへの認識の広まりや深まりに伴って葛藤・矛盾・困難が見えてくる。それらを解決したり、克服したり、乗り越えていくための見方・考え方や方法、手段が講じられる。その場合や場面に遭遇してよりよく進もうとする価値志向が生まれる。このことからは、道徳教育の推進にあたり、道徳的価値を意味あるものとするには、自分自身に関することや他者との関わりに関することであっても現実と社会の側にある問題や課題等と関連させ、その接点で自らと道徳的価値の検討を進めることが大切となる。
『解説道徳』は、「道徳科の内容で扱う道徳的諸価値は、現代社会の様々な課題に直接関わっている。……、現代社会を生きる上での課題を扱う場合には、問題解決的な学習を行なったり討論を深めたりするなどの指導方法を工夫し、課題を自分との関係で捉え、その解決に向けて考えようとする意欲や態度を育てることが大切である。……現代的課題には、葛藤や対立のある事象も多く、特に〔相互理解・寛容〕、〔公正、公平、社会正義〕、〔国際理解、国際貢献〕、〔生命の尊さ〕、〔自然愛護〕などについては、現代的な課題と関連の深い内容であると考えられ、発達の段階に応じて、これらの課題を積極的に取り上げることが求められる」（一〇〇、一〇一ページ）と、現代社会の諸課題との学習上の関わりを勧めている。

(2) 道徳的価値の理解と問い

［キーワード］道徳的価値の検証　―観念の中だけの価値解釈で済ませない―

道徳的な価値の理解を基礎に置く道徳教育では、それらの価値についての意味を理解することが第一義的である。ところで、それに止まることなく、価値の根拠を問い続けることは道徳的価値への深い理解には重要である。つまり、〔それは何故なのか?〕〔なぜ、そう言えるのか?〕〔どの場合でもそれが必要なのか?〕等々と、価値の根拠を追求していくのである。

この問いかけは「批判的な問い」のように解釈されるだろうが、道徳性を涵養するという道徳教育の目標に迫るには、道徳的行動や態度という道徳的実践・経験の検証は価値理解の深化と切り離せない要件である。「解説道徳」においても、道徳科の指導に当たり、「教材に対する感動を大事にする展開にしたり、道徳的価値を実現する上での迷いや葛藤を大切にした展開、知見や気づきを得ることを重視した展開、批判的な見方を含めた展開にしたりするなどの学習指導過程や指導方法の工夫が求められる。その際、教材から読み取れる価値観を一方的に教え込んだり、登場人物の心情理解に偏ったりした授業展開とならないようにするとともに、問題解決的な学習を積極的に導入することが求められる」(八二ページ)との説明がある。これらの視点を等閑視したような道徳教育にならないように留意したい。

道徳的判断や道徳的実践をいかに検証的にといっても、他の自然科学の方法や実験、証明という意味を持たせているのではない。ここでいう実践は道徳的価値意識の経験である。具体的な実践経験に則しつつ自身の意識と判断によって起こす主体的経験である。それは人間の主体意識を省察する(検証的な)経験であり、対象的経験や検証の意味よりも一段と高い次元への深まりを自覚する。そこでは、曖昧さや動揺、葛藤を含みつつ、それではあっても実践した自らの自律的行動（経験）の中に道徳的価値が認められ確かめられてくる。

人間の歴史というものが、単に人間の物質的欲望によってのみ（一元的に）規定される自然本能の結果物に埋め尽くされていたなら、地球の自然史の延長線状態にとどまり、芸術も道徳も、そして科学も生まれ出ることはなかったと考えられる。人間は物質的欲望に規定されつつ、その基底を超えて価値的なものを求め、価値を認めて行動していった。それによって人間の自然史を人間の歴史に変換していった。

自然と歴史の世界が「何であるか」を問う実証的科学に対して、それに止まらず、「如何にすべきか」を問題にするところの行動や実践の領域が道徳であり、そこでは、人間の人生が「如何にあるべきか」「如何に生きるべきか」の問題と関わるまでに至り、人生の価値を問う、つまり《善》についての追究が重ねられる。

（3）歴史と科学に立った価値認識

［キーワード］真実探求の一過程として　―変化と発展の過程として―

人間が世界に生起している事実と現実を客観的に受け止めるとき、まず気づくことは世界に永遠不動の事物は一つとして存在しないということである。すべてのものは動いている。かつてなかったものが新しく生まれ、今は現存するものがやがて古くなり消えていき、あるいは別の新たなものとなって変化していく。発生と発展、生成と消滅、これがあらゆる現象を貫く事物の在り方である。人間の意識や観念もそれに従っているのだが、人間（認識者）が歴史上の一点で視界を定めているため、（加えて、）絶えず動いている事物が破壊的事態をきたさずに〈動的な均衡〉を保っているので外界を静止体であると解釈してしまう。そのことは、事物をその要素に分解して静態として詳しくつかんでも、それだけではそのものの生きた本質には至れないことを意味する。道徳現象であれ、それも決して永遠不動でない。道徳性もその内容は、歴史的に不断に変化し発展していく。この変化と発展の過程を問うことが、道徳の真実追求には欠かせない。

古代より、道徳は諸説混み合って〈かつ消えかつ結びて〉今日まで続いてきた。道徳はなぜいつまでも同一の状態に止まらないか、また、止まれないのか。それは道徳が道徳だけとして他の歴史的社会的現象から無関係な孤立的現象ではなくて、どこまでも歴史的社会的現実の一環として、これらの諸事象によって媒介され制約されているからである。それを社会と歴史の立場から見ると、社会は人間のアルファでありオメガである。人間の意識が社会から隔離して作用することは不可能である。だから、歴史と社会が変わっていけば道徳だけが孤立して過去のままにとどまることができない。

長い人間の歴史から見ていくと、社会の進歩と発展とともに、それを媒介して〈道徳は変化する〉。この命題は道徳の基本的指標として銘記しておきたい。

「解説道徳」の付録五「中学校学習指導要領解説 総則編」（以下、付録五）には、道徳性の変化・発展・充実を認め、それを促すような記述がある。「平和で民主的な社会は、国民主権、基本的人権、自由、平等などの民主主義の理念の実現によって達成される。これらが、法によって規定され、維持されるだけならば、一人一人の日常生活の中で真に主体的なものとして確立されたことにはならない。それらは、一人一人の自覚によって初めて達成される。日常生活の中で社会連帯の自覚に基づき、あらゆる時と場所において他者と協同する場を実現していくことは、社会及び国家の発展に努めることでもある」（一五六ページ）。

これは日本国憲法が日本国民に明示している憲法的価値、つまり社会的価値の具現化を促している。さらには、平和の実現についても、付録五では「平和は、人間の心の中に確立すべき課題でもあるが、日常生活の中で社会連帯の自覚に基づき、他者と協同する場を実現していく努力こそ、平和で民主的な国家及び社会を実現する根本である」（一五六ページ）と説いている。

前節の〔一　日本国憲法が導く現代日本の道徳〕では、国民が家庭と社会生活の領域で、一人ひとりの暮らしや人生における生き方・考え方の共有できる概念として、〔自由と人権〕〔個人の尊重と尊厳〕〔平等〕〔協同〕をコモンセンス（common sense：常識、良識）として示した。これらのコモンセンスは、〈そこに在るもの〉〈すでに在るもの〉としてではなく、憲法第一二条【自由・権利の濫用の禁止】を引いて、「この憲法が国民に保障する自由及び権利は、国民の不断の努力によって、これを保持しなければならない。又、国民は、これを濫用してはならないのであって、常に公共の福祉のためにこれを利用する責任を負う」の箇所から、それは、国民一人ひとりに対して、日々の社会生活に求める憲法上の要請であり、今日に生きる国民が自身のものとして社会的ルールや規範、モラルを作り出していく自主的課題が与えられていることを述べた。

付録五に見る上記のような諸解説は、道徳教育という児童生徒の内心の領域にあっても、学校と教員、子ども、保護者等の不断の努力によってよりよい道徳性を充実させていくことを促している。

今日、道徳において、量的かつ質的な普遍性を具える要件は、日本国憲法が憲法的価値として掲げる国民主権・基本的人権・平和主義の普遍的理念を基盤にして、市民の側が生活現場の事実に即して自主的に創造していく道徳であろう。[6]

(4)《学校アゴラ》の創出

[キーワード] 多様な考えの交流　―主体的・対話的で深い学び―

道徳教育について、今期の学習指導要領は「……、発達の段階に応じ、答えが一つではない道徳的な課題を一人一人の生徒が自分自身の問題と捉え、向き合う「考える道徳」「議論する道徳」へと転換を図るものである」（二ページ）と、改定の特長を説明している。

〈考える〉と〈議論する〉は、〈自己〉と〈他者〉という主体の存在を想起させる。道徳教育に〈考える〉と〈議論する〉が導入されたのは、中学校学習指導要領 第一章 第三【教育課程の実施と学習評価】で、主体的・対話的で深い学びの実現に向けた授業改善が指向されたことに関連しているのであろうが、道徳性を伸展していくうえでの道徳的価値の理解と認識を深める貴重な学びの方法である。

その意義を知るには古代ギリシャの哲学者ソクラテスにまで遡ることになる。彼は、広場〈アゴラ〉に出て相手を構うことなく議論に挑み、対話によって相手の矛盾や無知を気付かせて、より高い認識へ導くという手法（「問答法：英 dialectic」）で哲学を拓いていった。ソクラテスが強く主張したのは「徳は知である」ということであった。即ち、すべての徳は知を根拠とし、すべての悪は無知に基づく。人は悪なることを知りながらこれをなすということはありえない。悪と知りながらこれをなすというのは、実はまだ悪に対する真の認識が足りないからにほかならない。真実に正義の何たるかを知り、不正の何たるかを知れば、行為は必然的に当為のもとでなされていく。多くの人々は自ら無知でありながら、その無知であることをさえ知らないでいる。彼は、そこに悪の原因があると説く。彼が「無知の知」を説いて回ったのはそこに起因していた。「無知」を自覚することが、善の探究過程につながるのである。

この問答法が原形となり、より高い認識に向かい、より深く真理に到達しようとする認識のプロセスを認識論の体系に反映させて完成したのが近代における「弁証法：独 dialektik」である。

ともあれ、「解説道徳」の以下の箇所では、議論の中での対立を回避せず、他者との対話を推し進めて、一人一人が人間のあり方と社会のあり方を多面的・多角的に考えていくことを促している。

「道徳科では、様々な課題に対応していくために、人間としての生き方や社会のあり方について、多様な価値観の存在を前提にして、他者と対話し協働しながら、物事を広い視野から多面的・多角的に考えることを求めている。したがって、時に対立がある場合も含めて多様な見方や考え方のできる事象や、多様な生き方が織り込まれ、生きる勇気や知恵などを感じられる人物などを取り扱うことは非常に有効であると考えられる」（一〇八ページ）。

この一文のみでは教条的な文章だが、教科書等の教材に対しても特定の価値観に偏しないこと、特定の見方や考え方に偏らないことを次の一文は促している。

「公教育として道徳科の指導を行う上で最も大切なことは、活用する教材が特定の価値観に偏しないことであり、多様な見方や考え方のできる事柄を取り扱う場合には、特定の見方や考え方に偏った取扱いがなされていないかを検討することである」（一〇八ページ）。

このように捉えると、学校教育全体の場面と場合に広がる《学校アゴラ》を創りだしていく発想は、子ども主体の道徳教育に一つの創造的イメージを与えるのではないだろうか。一九五八年中学校学習指導要領 第三章の第一節 道徳でも、「指導にあたっては、生徒の関心や経験を考慮し、その具体的な生活に即しながら、討議（作文などの利用を含む）、問答、説話、……、実践活動など種々な方法を適切に用い、一方的な教授や、単なる徳目の解説に終ることのないように」と、指導上の留意事項に掲げていた。

［キーワード］結論を求めない ─〈～ねばならない・～べきである〉を導かない─

一方で、道徳は、〈～ねばならない・～べきである〉という行為における当為を求めてしまう性質を持っている。この点で、公教育における道徳教育は、以下のように教育下における特段の配慮を求めている。

「解説道徳」の第四章 第三節 指導の配慮事項では、「これら現代的な課題の学習では、多様な見方や考え方があることを理解させ、答えが定まっていない問題を多面的・多角的視点から考え続ける姿勢を育てることが大切である。安易に結論を出させたり、特定の見方や考え方に偏った指導を行なったりすることのないよう留意し、生徒が自分と異なる考えや立場についても理解を深められるように配慮しなければならない」（一〇一ページ）とある。

右の文章は、現代的課題の学習に関して、安易な結論を出さないように促しているのであるが、生徒（子ども）の道徳性の育成においては、一人ひとりの主体性を大切にすることが肝要である。

付録五の以下の文章がそれを支持している。

「主体的な判断の下に行動するとは、生徒が自立的な生き方や社会の形成者としてのあり方について自ら考えたことに基づいて、人間としてよりよく生きるための行為を自分の意思や判断によって選択し行うことである。人間としてよりよく生きていくためには、道徳的価値についての理解を基に、自己を見つめ、生き方について深く考え、道徳的価値を実現するための適切な行為を自分の意思や判断によって選択し、実践することができるような資質・能力を培う必要がある」（一五四ページ）。

［キーワード］**学校づくりと学級づくりに結ぶ　─生活要求や願いを大切に─**

中学校学習指導要領 第一章 総則の第六 道徳教育に関する配慮事項では、各教科、総合的な学習の時間及び特別活動における道徳指導の方法等を示している。その内、特別活動については、付録五の中で道徳教育としての重要性を述べている。

「特別活動における学級や学校生活における集団活動や体験的な活動は、日常生活における道徳的な実践の指導を行う重要な機会と場であり、特別活動が道徳教育に果たす役割は大きい。特別活動の目標には、「集団活動に自主的、実践的に取り組み」「互いのよさや可能性を発揮」「集団や自己の生活上の課題を解決」など、道徳教育でもねらいとする内容が含まれている。また、めざす資質・能力には、「多様な他者との協働」「人間関係」「人間としての生き方」「自己実現」など、道徳教育がねらいとする内容と共通している面が多く含まれており、道徳教育において果たすべき役割は極めて大きい」（一六四ページ）。

戦後の道徳教育は全教育活動を通じて進められるとしてきたことから、（上記の箇所は）戦後の論点を追認しているともいえる。特別活動の範囲は、学級活動と生徒会活動、学校行事であり、この領域は生活指導に教育上の重点が置かれところである。この生活指導のもとで子どもは道徳性を育む根幹に関わる自主的判断力を形成していくことになる。

佐貫浩（二〇一五）は、以下のように子どもの道徳性を育む際の自主的判断力形成の場面と意義を説明している。

「道徳性の根幹をなす自主的判断力を形成する場は、第一に生活そのものであり、生徒の自主性や自治力に依拠して、子どもたち自身に新たな人間関係を発見、創造させていく生活指導の過程として達成される。第二の場は、科学や文化の習得と科学的認識能力の形成過程である。教科学習は、個人の判断力、思考力、自らの主張を生み出す学びの場であり、現代の人間の道徳性を形成していく最も重要な場なのである。[7]」

佐貫の自主的判断力形成の説明は、付録五に示された生徒の主体性を大切にする道徳指導に重なっている。

（5）子どもと地域の視点に立って

［キーワード］目線を子どもと地域に置く　―実践の交流を（教師のアゴラ）―

これまで見てきたように、「解説道徳」には学校教員の指導と子どもたちの学習を創造的に進めることを促す内容が示され、また、そのような教育を進める意義が込められている。そのような理解を可能にする根拠を中学校学習指導要領 前文に見出すことができる。

「学習指導要領とは、こうした理念(*)の実現に向けて必要となる教育課程の基準を大綱的に定めたものである。学習指導要領が果たす役割の一つは、公の性質を有する学校における教育水準を全国的に確保することである。また、各学校がその特色を生かして創意工夫を重ね、長年にわたり積み重ねられてきた教育実践や学術研究の蓄積を生かしながら、生徒や地域の現状や課題を捉え、家庭や地域社会と協力して、学習指導要領を踏まえた教育活動の更なる充実を図っていくことも重要である。」

＊「こうした理念」とは、前文中の前段落の「よりよい学校教育を通してよりよい社会を創るという理念」を指す。

（右の文章について、学校教育に関わる人々が強い関心を示さないのが残念なのだが、）学習指導要領前文が、「長年にわたり積み重ねられてきた教育実践や学術研究の蓄積を生かしながら」と、学校現場と地域、教育研究諸団体が子ども・家庭・地域に根ざして息長く取り組んできた教育実践の蓄積と貴重な成果を組み込んで「教育活動の更なる充実を図っていくことも重要である」と明示している。

前文は、敢えてこの一文を書き加える目的で設けられたとも読み取れそうなくらい大切な箇所である。本節の〔一　学習指導要領における道徳教育〕の最後の部分で、「あたかも教育現場や教室での道徳教育実践に《明日の道徳》を期待しているようである」と解釈したヒントは、この部分に依拠している。

三　人間平等の道徳

一　平等への歩み

(1) 先史時代の社会から

第一章 第二節では、主として道徳観念の生成と歴史的起源を記述した。そして、道徳観念の生成と起源を原始時代の〈平等の状態〉に定めた。ここで、その概要を平等の観点から振り返ることにする。

人類史の九九%を占める先史時代は、住人の生命を維持していくのが精一杯の状態だったといわれる。狩猟と採取の時代には、人々が小集団で移動し、限られた獲得物を共有・分配する生活形態を採った。それは大自然の食物連鎖の一環に人類が張り付いて生命活動を維持していた時代であった。人々は群れの中で生活することが生き延びるための必須的条件であり、部族内で〈我々〉として存在し意識していた。ヒトは、〈我々一〉、〈我々二〉、…という集団内存在であって、〈我々〉を主たる意識にして暮らした。獲得物を必要に応じて分配する〈我々〉の集団は、大自然と一体化し、生活に恵みをもたらす自然や自然現象を敬い畏れる感情に充ち、人間どうしの共同だけでなく、自然との共生、自然との調和のもとで共同的な生活を営んでいた。このような社会形態のもとでは、共同と平等は同義的な状態であった。

ジャン・ジャック・ルソー（一七一二～一七七八）は、彼が生きた当時の社会にある道徳性の退廃を痛烈に批判した思想家である。彼の学問と思想の根底には、常にモラルの探究があった。そこで、彼の社会批評の起点は〔不平等は如何にして人間社会に引き起こされたか〕となった。先史時代を自然状態とし、その時代の人々を未開人と呼び、彼は以下のように説明している。

「彼らは互いにいかなる種類の交渉もなく、従って、虚栄心も、敬意も、評価も、軽蔑も知らなかった。また、彼らは人のものと自分のものという観念が少しもなく、正義についての真の観念も全くなかった。また、彼らは乱暴をされることはあり得ても、それを容易に償いのできる損害とみなし、罰しなければならぬ不正とは思わなかった。そして、石を投げつけられると咬みつく犬のように、多分本能的にとっさにやる場合は別として、復讐などということは想いもしなかった。そんなふうだから、彼らのいさかいは、食べ物よりももっと大切なことが理由にでもなっていないかぎり、ごく稀にしか血を流すような結果を生むことはなかっただろう[8]」

「彼らには服従と支配とはどういうことかを理解させるにも非常に骨が折れるだろう。一人の人間が他の人間のちぎった果物や、その殺した獲物や、その隠れ場となっていた洞窟を横取りするようなことはできるだろう。けれどもその彼がその人間をどうやって服従させることができようか。そして何も所有しない人々の間にいかなる従属関係の鉄鎖がありうるだろうか[9]」

ルソーは、社会の原初的な自然状態にあっては、人間は不平等という観念をほとんど感じないことや、たとえ自然的な差異という意味の不平等な状態があったとしても、これを不平等と意識するほどの影響はなかったことを論じた。そして、不平等の関係が生起する主な要因が〝所有〟にあることを突き止めている。〝所有〟にまつわる社会の不平等な状態が、人間に平等の観念を呼び起こすことを教える文章である。ルソーは、人間のモラルを観念内に止めずに、社会にある不平等のもとで考え抜き、そこから人間平等とモラル高揚を統一的に解いた。

(2) 階級社会の不平等

長く続いた狩猟・採集の経済時代から農耕・牧畜の生産経済時代へ、即ち生産性の向上によって定住が常態となってきた。部族内に生産物が徐々に蓄積されてくると、それらを保持・管理するためにリーダーや統率者が現れる。そして、それらの生産物をめぐる所有と占有の欲求が強まり、統率者は統治者へと変容する。やがて、生産物をめぐる部族内の利害の対立は、支配と隷従の上下関係の強化に向かう。生産物の共有・分配から私有・蓄積へ、社会関係の共同制から統率と従属へと移行が進んだ（階級化）。そのような部族内の権力構造が機能する一方で、他部族との土地と人民、財産をめぐる対立と軋轢が生じ、そこからクニ（国／くに）の形成が進む。

私有と困窮、権威と従属、命令と服従、支配と隷属、強権と搾取等々のような社会集団内における分裂と分断が引き起こされてくる。そこに、その社会を救う創造主（神）と支配者との同一性が創りだされる。また、他部族や他国との抗争や戦乱を通して、内部的には強い一体感が醸成され、分裂と分断の内部（問題）を被っていた。つまり、自らの生命と生活、体制に危機が及ばない限り、全構成員はそれらを問題視することはなかった。奴隷制社会と封建制社会の時代の人々は、永久不変の世界として私的所有と階級支配を疑うことなく存続させていた。

封建制社会も社会自体は生産力を向上させ生産性を高めていった。封建諸国の中で、新興市民階層は手工業生産と商品経済の浸透のもとで経済的影響力を強めていった。そして、それを背景にして封建的な軛（くびき）を打破して（主として新興市民にとっての）自由と平等の社会制度を求めて資本主義社会への転換運動が勃興した。逆に封建領主が平等を叫ぶことはない。新興市民階層にとっては、不自由な社会状態が存在してこそ自由と平等の観念が生まれて自覚化されていくのである。ルソーは、階級社会の不平等を解消していく論理を自然法に依拠して、以下のような結論を下した。

「私は、不平等の起原と進歩、政治的社会〔国家〕の設立と弊害とを、それらの物が、もっぱら理性の光によって、……、説明するように努めてきた。その説明の帰結として、不平等は自然状態においてはほとんど無であるから、不平等は、われわれの能力の発達と人間精神の進歩によって、その力をもつようになり、また増大してきたのであり、そして、最後に、所有権と法律の制定によって安定し正当なものとなる、ということになる。また、ただ実定法だけによって容認されている人為的不平等は、それが自然的不平等と同じ釣合を保って一致しないときはいつでも自然法に反する、という結論も出てくる[10]」

自然法に反すると思えるまで露呈してきた不平等という社会矛盾は、一方でそれを変革していく動因となる。さて、現代の社会でも、自由と平等を心底から叫ぶ人々や集団、組織が現れてくる。社会の進歩と変革を認める社会観に立つならば、以下の見解は否定されない。

〈封建制という階級社会を引き継いだ資本主義の制度は、それを行きつくところまで発展させ、同時に不平等状態が引き起こす諸問題をも増大させる。さらに、それを終息させる諸条件と人々も自らの内側に生みだしていく。〉

以下、自由と平等を実現するための国際的な歩みを中心に述べていくことにする。

(3)人権の拡充と人間平等の関係 ―国際人権規約を介して―

二十世紀は二度の世界大戦を経て数多くの植民地が解放され民族の独立が進んだ時代である。国際連合(以下、国連)が発足したとき(一九四五年)の加盟国は五一カ国であった。世界人権宣言が採択された一九四八年にも、独立を果たしていない地域は多数あった。そのような時代に、世界人権宣言が、前文で「人類社会のすべての構成員の固有の尊厳と平等で譲ることのできない権利とを承認することは、世界における自由、正義及び平和の基礎」であると唱え、国連総会は「すべての人民とすべての国民とが達成すべき共通の課題として、この世界人権宣言を公布する」と、世界のすべての個人と機関に要請した。世界人権宣言は、英語での正式名称は Universal declaration of human rights で、普遍的人権宣言になる。日本では世界人権宣言と意訳されている。二〇二二年五月現在で見ると、世界にある国の二〇六カ国(日本が承認している国は一九六カ国)のうち、一九三カ国が国連加盟を果している。実数の上でも、まさに全世界的な普遍的宣言(Universal declaration)に相応しい到達点である。

世界人権宣言の採択後は、その内容の条約化が営々と重ねられ、現在までに九つの人権条約が採択された。一九六五年 人権差別撤廃条約(日本加入、一九九五年)、一九六六年 国際人権規約

〔社会権規約と自由権規約がある〕（日本批准、一九七九年）、一九七九年 女性差別撤廃条約（日本批准、一九八五年）、一九八四年 拷問等禁止条約（日本加入、一九九九年）、一九八九年 子どもの権利条約（日本批准、一九九四年）、一九九〇年 移住労働者権利条約（日本、未批准）、二〇〇六年 障害者権利条約（日本批准、二〇一四年）、二〇〇六年 強制失踪条約（日本批准、二〇一〇年）である。これらの九つは中核的人権条約（core human rights treaties）と呼ばれている。一九六五年の人種差別撤廃条約の採択以降、黒人、女性、子ども、障害者のような社会の中で特に弱い立場に置かれている人々にとっての人権保障を充実させる流れが今日まで継続している。

さらに、第一次世界大戦後の一九一九年に創設された国際労働機関（ＩＬＯ）は、労働者の権利に関する国際基準を条約や勧告のかたちで採択しており、ＩＬＯ条約は労働に関わる国際的人権の内容を持っている。今日までに一九〇もの条約や勧告が作られている中で、結社の自由と団体交渉権、強制労働の禁止、児童労働の禁止、差別の撤廃の四分野に関連する合計八つの条約は「基本八条約」と呼ばれ、ＩＬＯは「中核的労働基準」と位置づけている。

二一世紀の現在からこれらの人権条約と人権規約の経緯を振り返ると、世界は幾千万人の労苦と犠牲の上に一進一退を繰り返しながらも、人間と個人の尊厳を求めて確実に前進していることが分かる。(11) この歩みのもとで人間平等の思想と行動が現実的に認められてくる。

（4）障害者権利条約

二〇〇六年に採択された障害者権利条約（日本批准、二〇一四年）は、時代的に新しい条約である。その意味合いからして、幾世紀の人権に関する思想的蓄積を踏まえた到達点を示している。障害者権利条約の目的条項から見ていくことにする。

「第一条　目的

この条約は、全ての障害者によるあらゆる人権及び基本的自由の完全かつ平等な享有を促進し、保護し、及び確保すること並びに障害者の固有の尊厳を促進することを目的とする。

障害者には、長期的な身体的、精神的、知的又は感覚的な機能障害であって、様々な障壁との相互作用により他の者との平等を基礎として社会に完全かつ効果的に参加することを妨げ得るものを有する者を含む。」

障害者権利条約の前文は、障害の概念や構成を説き、「障害が、機能障害を有する者とこれらの者に対する態度及び環境による障壁との間の相互作用であって、これらの者が他の者との平等を基礎として社会に完全かつ効果的に参加することを妨げるものによって生ずる」と明示している。

機能障害（impairment）と捉えてきた過去の経緯を転換して、障害（disability）は機能障害と（周囲の）態度・環境の相互作用によって発生すると定義した。この定義は「障害の医学モデル（medical model of disability）」から「障害の社会モデル（social model of disability）」への転換と言われている。これによって、機能障害（impairment）を有する者と彼らに向かい合う社会の側が相互に力を合わせて、障害（disability）を乗り越えてより可能（be able）な暮らしを実現していく道が社会全体に求められるようになってきた。

障害者権利条約第一条を受けて、第三条の一般原則は（a）～（h）まである。主要な語句を挙げると、（a）固有の尊厳、個人の自立（自ら選択する自由を含む。）及び個人の自立の尊重、（b）無差別、（c）社会への完全かつ効果的な参加及び包容、（d）差異の尊重並びに人間の多様性の一部及び人類の一員としての障害者の受け入れ、（e）機会の均等、（f）施設及びサービス等の利用の容易さ、（g）男女の平等、（h）障害のある児童の発達しつつある能力の尊重及び障害のある児童がその同一性を保持する権利の尊重、となっている。

先史時代及び原始時代、即ちルソーが設定した自然状態では、人間の皮膚の内側に属する諸機能の障害（impairment）によって人間の不平等は生まれなかった。女性であれ、子どもであれ、それは平等状態であった。（障害等を含む）不平等は、その後の社会と人間精神の変化によって増大してきたのである。ルソーは、人間精神にはたらく差別や偏見、そして欺瞞や虚栄も社会に実在する不平等から発していると突き止めていた。

「あんなに多くの哲学や人間愛や礼節や、崇高な格言のさなかにいながら、どうしてわれわれは何であるかという問いを終始他人にむかって問いつづけ、しかも、けっしてそれをわれわれ自身にむかっては問おうとはしないで、われわれは欺瞞的で軽薄な外面、つまり徳なき名誉、知恵なき理性、幸福なき快楽をもつことになったのか、これらのことを示すのは、私の主題には属さない。私としては、そういうことがけっして人間の根原的な状態ではないこと、そしてこのように一切のわれわれの自然の傾向を変化させ、悪化させるものが、もっぱら社会の精神であり、また社会が生みだす不平等であることを証明しただけで十分なのである[12]」

機能障害（impairment）を有する者と、彼らに向き合う社会の側が相互に力を合わせて共生する社会を実現していく道を世界史上に示した障害者権利条約は、画期的な意義をもっている。自らの力では多くを所有できないとか、社会的富を「人並みに」生産できないとかの資本主義的論理で不平等下に置かれてきた障害者が、この世紀において真の平等を実現していく人々として光彩を放っている[13]。

（5）平等への世界史的な動向

平等の社会へ向かう物質的課題としての所有のあり方については、共同的（公共的）所有の拡大がさらに検討されていくであろう。二一世紀はその方策が世界的に提起され出している。その背景には巨大な財貨が極端に少数の人々に占有され、一方で貧困化層が膨張している実態が露呈したことがある。その問題提起の端緒として、例えば、国際NGOオックスファムは世界経済フォーラム年次総会（ダボス会議）に合わせて報告書（二〇二二）を公表している。それによると、保有資産一〇億ドル超の「億万長者」はコロナ禍の起きる二年前に比べて五七三人増の二六六八人になった。保有資産の合計は約一二兆七〇〇〇億ドルに上る。このうち上位一〇人の大富豪だけで、世界の下位四〇％にあたる三一億人よりも多くの資産を保有している。コロナ禍の過去二年間の億万長者の資産総額の増加額は、それ以前の二三年間の合計を上回る。さらに、報告書は、二〇二二年だけで新たに約二億六三〇〇万人が極度の貧困に陥る恐れがあるとして、ダボス会議参加の各国政府に対し、人々の生活を危機から救うために、恒久的な富裕税の導入を含む累進課税の強化を要求し、社会保障を手厚くする緊急対策の実施を促している。

人間の一生涯を考えてみると、個々の人間はこの世に何も所有しないで生まれ出て、何も持たずに死んでいく。自らの身体のみを持ち、それ以外に関しての所有物（財貨）は法的に付与されているとしても、死の淵では所有した一切を手放す。オックスファムが公表した億万長者達も、自らを自慢できる財貨は生前の時間帯である。個々人の生死のレベルから考えると、私的所有を極限化し、それを金城湯池にしてしまった彼等は一種の砂上楼閣を築いている。ましてや他者への強欲な搾取と収奪によって蓄積した猛者の私的所有ならば一面の「横領」である。

世界人口の百万分の一にも満たない億万長者に巨万の富が集まっている実態は、一方で搾取・

収奪された側に（現在は無力であるが）公平・平等への圧倒的意思を集める。地球上の隅々で、数多くの人々が反差別のたたかいを繰り広げている。彼らは、平等の実現は辞書的な観念から導かれるのでなく、また、誰かによる恩恵でもなく、それは差別とのたたかいと克服によって真に実現すると理解している。世界史的に言えば、階級的専制的な社会がつくりだした不平等な社会状態、その不平等状態を正して社会的平等を作りだしていこうとしている。

今世紀は人間の平等を世界的に押し進めていく画期にある。世界史を見る際の歴史観の転換が起きている。例えば、西欧のオランダでは、二〇二〇年にアメリカで広がった「ブラック・ライブス・マター（黒人の命は大切だ）運動」を受け、過去における自国の植民地支配や奴隷貿易を検証し「歴史的不正義」を正そうとする動きが加速している。オランダ国王は植民地時代に王室が担った役割を検証するために歴史研究者からなる独立検証委員会に調査を委託すると公表した（二〇二二年一二月）。国王は「王室が植民地の歴史の中で果した役割に光を当てることが重要だ」と述べ、「徹底して批判的に独立した研究と調査を」求めている。

二　日本における不平等状態　―教育の領域を中心に―

（1）不平等を正すために

語義解釈で言えば、不平等とは「平等でない」ことを指す。英訳の inequality は、しばしば

「格差」とも訳されている。憲法第一四条は、「すべて国民は、法の下に平等であって、人種、信条、性別、社会的身分又は門地により、政治的、経済的又は社会的関係において、差別されない」としている。この条文は、（法外の）現実生活での人種、信条、性別、社会的身分又は門地により、政治的、経済的又は社会的関係において、差別されている、あるいは、そのような状況になり得るゆえの法の下における人間の平等と規定されていて、同条は、社会現実の不平等と格差を前提としている側面がある。差別と不平等を実効的に正していくには、第一四条に加え、我が国も批准（一九七九年）した国際人権規約（社会権規約）第二条二の「この規約の締約国は、この規約に規定する権利が人権、皮膚の色、性、言語、宗教、政治的意見その他の意見、国民的若しくは社会的出身、財産、出生又は他の地位によるいかなる差別もなしに行使されることを保障することを約束する」が、社会の格差と不平等を社会的課題に即して解決していく効力を担保している。不平等を正す社会正義は、法律家のジャッジアイテムに止まらず、締約国に対して「約束」を迫る市民側の旗印となっている。

「これが平等だ」と、平等の様相を定量・定質的に計るのは難しいが、平等でないと意識する人々は不平等を正すために平等を求めていく。憲法第一四条と国際人権規約（社会権規約）に即して、不平等（の状況）を概念的に定義すれば、〔人種、性別等の属性的理由にかかわらず政治的、経済的、社会的関係において公平ではなく、現実的に差別を受けたり、不利益を被っていたりしている状態〕である。

歴史的に見ると、不平等を質して、人間と社会の平等を求める人々や階層の意志と行動が社会進歩の一翼を担ってきた。天下泰平と称された江戸時代にも数千の農民一揆が勃発していた。権力構造が移転した明治時代には自由民権運動が巻き起こり、小作争議が続発した。そして、大正デモクラシーの高まりのもとで、被差別部落の出身者たちは人間解放を訴えた。「水平社宣言」である。宣言には、「この際、吾等の中より人間を尊敬することによって自ら解放せんとする者の集団運動を起こせるは、寧ろ必然である」「人間を冒涜してはならぬ」「吾々は、心から人生の熱と光を願求礼讃するものである」と記された。〈人の世に熱を、人間に光を〉求める願いと思想は各分野に浸透し、その行動は民衆に伸び拡がり、日本国憲法に個人の尊厳と人間の平等として確立された。

(2) 教育における不平等

教育基本法第四条は、「ひとしく、その能力に応じた教育を受ける機会を与えられなければならない」とし、憲法第一四条に掲げる「人種、信条、性別、社会的身分又は門地」に加えて、第四条は「経済的地位…によって、教育上差別されない」ことを明記している。また、同条三項では、「国及び地方公共団体は、能力があるにもかかわらず、経済的理由によって修学が困難な者に対して、奨学の措置を講じなければならない」と定めている。教育基本法での経済的地位による差別排除の追記と、修学困難者への奨学措置規定は教育の権利と平等を進めるうえで貴重な条項である。それであっても、法の下の平等を説く憲法第一四条は、法外の不平等を暗示している。本項では教育領域の不平等を論じていくことにする。

わが国の教育領域での不平等を見るにあたり、(国が)教育分野にどれだけの期待を示しているかを知ることは、社会全体の中で教育を見る第一義的な指標となる。その事象として、教育領域への公的財政の支出度合を調べてみる。国の教育(小・中・高)への公的支出はＧＤＰ(国内総生産)比で二・六%である(OECD Education at a Glamce 2020)。この比率はＯＥＣＤ(経済協力開発機構)加盟国で比較可能な三七カ国中三四位と最低水準にある。国による教育支出抑制のしわ寄せが、家計の子育て・教育費負担や脆弱な学校教育制度に及んでいる。少子化社会に関する国際意識調査報告書(二〇二〇年、内閣府)によると、〈あなたの国は子どもを生み育てやすい国ですか?〉の質問に過半数の人が「そうは思わない」と回答したのは日本だけである。回答した人々は、高すぎる教育費や、育休も取りにくい働き方、社会全体が子どもを産み育てることへの理解がないことなどの解決を強く求めている。これらからは、人格の完成をめざす教育の営みそのものが国に疎(うと)んじられていること、国が人間性の開花を阻んでいることが分かる。教育の領域は国家的な不平等のもとにある。いじめや不登校、ひきこもりのような個人の心理的要因が大きいと思われている諸問題といえども、そこに脆弱な教育制度が影響していないと明言できる教育関係者はいない。

このような日本の教育事情のもとで、個々の子どもたちの間に教育的不平等を及ぼしているのが、家庭の経済的格差が子どもに及ぼす学力の差異である。世帯年収の高い家庭の子どもが高学歴層に収まる実情は、低所得家庭の子どもは高等教育に至りにくいという反対の事実を教える。大学や専門学校等の高等教育進学率は全体で五割以上だが、生活保護世帯では三割程度というように経済的状況による明白な格差がある。どの家庭に生まれようと、一人ひとりの子ども（人間）は多面的に発達する可能性をもっている。にもかかわらず、生まれ育った家庭環境によって学力的差異が生まれるのは全く不平等であり、強い差別性が認められる。社会の進歩にとっても由々しきことである。

日本の奨学制度は残忍である。ＧＤＰに占める公教育費の割合がＯＥＣＤ加盟国中で最低ランクという実情は、高等教育も同様で、大学や大学院、高等専門学校等の高等教育の学費負担にのしかかる。高等教育の学費は六八％を家計負担に依存しており、これは、ＯＥＣＤ加盟国平均の家計負担三〇％の倍以上である（OECD, Education at a Glance 2018: Japan.）。二〇一七年になって給付制奨学金制度が導入されたが、採用者枠は毎年二万人と少ない（奨学金は月二万円から四万円以内までである）。貸与制の奨学金の場合は、実際は「学生ローン」と呼ぶべきものだ。無利子の第一種奨学金よりも多くの額が借りられる第二種奨学金は、返済時に有利子の「奨学金」となっている。労働者福祉中央協議会のアンケート調査（二〇一九年）によると、奨学金制度を利用した大学卒業生の平均借入額は三二四万円で、第二種奨学金制度を利用したとすれば返済総額は四三五万円に上るという。就職前の無収入の大学生にとって「学生ローン」に組みこまれる呪縛は重苦しい。

国内の奨学金事業の約九割を担う日本学生支援機構によると、二〇二〇年度末時点で奨学金の総貸与残高は約九兆五九〇〇億円ある。借りている約六一六万人のうち現役学生らを除く約四六三万人が返済中という。奨学金の返済が滞った場合、延滞金が課される。二〇二〇年度以降は年率三％になったが、二〇一三年度までは年率一〇％の延滞金が賦課されていた。延滞金が発生すると、返済には延滞金支払いが優先されるため、有利子奨学金の場合には延滞金→利子→元金の順に充当されるので元金支払い完済が長引く。返済を三カ月以上滞納している人は約一三万人いる。その人々を対象にした抽出調査（二〇二〇年実施）によると、そのうち三割が非正規労働者で、その七割が年収三〇〇万円未満の生活を送っていた。また、失業・休職中の人も七人に一人いた。収入が伸びない不況下での返済は一層厳しいのに、日本学生支援機構は利息と延滞金で年間数百億の経常収益を上げている。

日本は、国際人権規約（「社会権規約」）一三条二項の（C）「高等教育は、すべての適当な方法により、特に、無償教育の漸進的な導入により、能力に応じ、すべての者に対して均等に機会が与えられるものとすること」について、批准当初は受け入れていなかった（「留保」）が、二〇一二年にそれを撤回した。申惠丰（二〇二〇）は、「国はこの規定に沿って、中等教育並びに高等教育の無償化をも漸進的に進めていかねばならず、不作為や後退的措置があってはならない」[14]と言う。不作為や後退的措置は教育上の差別を温存し、やがて確信的差別者を生み出していく。

人は教育を受け、学ぶことを通じて人格を形成していく。教育を受ける権利は、働く権利や職業選択の自由、政治参加できる権利など、他の人権を享受するための基礎になる権利でもある。権利の概念を用いるまでもなく、国と社会は《百年の計は教育にある》を誠実に進めるということだ。渡部昭男（二〇一九）は、教育の権利を、他の諸権利を享受するうえで〈鍵となる権利 key right〉であるので、「人権中の人権」と位置づけている[15]。

教育領域での不平等を考えるあと一つの指標は、能力育成の問題である。先に、子どもの生まれ育った家庭環境によって学力に差異が生まれる不平等を見たが、その学力の内側にある資質・能力の不均衡発達を見過ごしてはならない。教育基本法第一条に込められた〈資質を育成する教育〉という表現と意味合いから、改正学校教育法（二〇〇七年）第三〇条二項には学力の三要素が法定化された。（ⅰ）基礎的な知識・技能、（ⅱ）思考力・判断力・表現力等、（ⅲ）主体的に学びに向かう態度の三要素である。その規定を受けて、文科省が資質・能力育成の三つの柱を立てて構造化したのが現行学習指導要領である。その内容は、①何を知っているか、何ができるか（個別の知識・技能）②知っていること・できることをどう使うか（思考力・判断力・表現力等）③どのように社会・世界と関わり、よりよい人生を送るか（学びに向かう力、人間性等）の三項目である。そして、これらは子どもたちが変化の激しい社会を生きる社会人として、また、グローバル化する社会の中で、これからの時代に求められる資質・能力であるとの意義づけを行っている。(16)

前川喜平（二〇二〇）は、現行学習指導要領作成に際した当時、文科省内の作成経過を管理的立場で掌握していて、ＯＥＣＤの考え方に強く影響を受けていた事情に加え、経済産業省が教育に乗り込んでくる動きに便乗して作成したと述べている。(17) その述懐に従うと、資質・能力は、英語のコンピテンシー（competency）に対応していて、それは職務や役割において優秀な成果を発揮する行動特性で、社内の人材育成や評価基準、採用面接等の機会に使われ、企業社会では「有能さ」を示すカードとして活用されている。経済産業省の側からすると、産業社会でのコンピテンシーの発揮を支える学校教育下の資質・能力の育成と、その基礎となる学力三要素という人材育成の構造になっている。

企業経営の現場では、社員の人事評価でコンピテンシー一覧表を使って評価しているケースが多い。企業経営の文脈を教育分野に汎用化し、このコンピテンシー要素の学校教育版コンピテンシーの青写真が資質・能力育成の三つの柱だと解題できる。ここに産業界の能力・成果主義と学校における能力主義が結びついている。

一見すると、企業社会と学校との接続を調和的に整理した学力理論であるが、障害を有する子どもは、この学力概念から退けられている。教育の機会均等を唱える教育基本法第四条は「すべて国民は、ひとしく、その能力に応じて教育を受ける機会を与えられなければなら」ないと定めたのに、同条二項で、障害者に対して「国及び地方公共団体は、障害のある者が、その障害の状態に応じ、十分な教育を受けられるよう、教育上必要な支援を講じなければならない」と個別条項を立てている。これは、〈能力に応じて〉と唱える教育制度自体が〈能力による差別〉を顕わにし、他方で、その外側に特別支援教育を位置づかせる学校制度の構造を容認させている。

これらの日本社会の学校と教育をめぐる実情と問題は、教育制度と教育行政が社会の不平等と差別の構造を固定化している証左である。それでも教育には《百年の計》が託されている。それぞれの地域と学校、教室には《一人ひとり子どもの命と人生》が在り、そこに《社会の未来》が宿っている。平等の実現を足元の教育からとらえていかねばならない。

(3) 人間平等への歩み

ところで、教育基本法第四条二項に障害者に対する個別条項を打ち立てたのは、人間発達の科学と実践、運動が粘り強く積み重ねられてきた結果であり、この事実〈前進的側面〉は正しく引き継がなければならない。戦後の教育学と教育運動は、〈能力に応じて〉の能力主義教育に抗して、子どもの全面的発達（全人教育）の実践と理論を蓄積してきた。第一に、個々の子どもの能力は教育という働きかけを通じて発達すること、第二に、子どもの要求に応えた働きかけの連続が全面的発達を保障すること、第三に、障害を有する子たちにも人間発達の筋道があることを明らかにした。従って、真に教育機会の平等に相応しい条文は「すべて国民は、ひとしく、（必要に応じて）教育を受ける機会が与えられる」である。

国連採択（二〇〇六年）の障害者権利条約を受けて、日本政府の署名（二〇〇七年）から批准（二〇一四年）に至るまで、国内での多様な取り組みを展開する際に、障害当事者たちは「私たち抜きに私たちを決めないで（Nothing about Us Without Us）」の標語を掲げて積極的に参加した。その結果、本人や保護者の意向尊重を盛り込んだ障害者基本法改正（二〇一一年）、障害者総合支援法（二〇一二年）、インクルーシブ教育への転換（中教審／二〇一二年）、障害者差別解消法制定（二〇一三年）等が整備された。

二〇一六年四月に施行された障害者差別解消法は、その目的に「この法律は、…（中略）…における障害を理由とする差別を解消するための措置などについて定めることによって、すべての国民が障害の有無によって分け隔てられることなく、相互に人格と個性を尊重し合いながら共生する社会の実現につなげることを目的としています」と掲げている。障害を有する人たちは一般社会に蔓延する能力主義を乗り越えていこうとする人々であった。障害児教育と障害者運動に取り組んだ人々の平等主義への長く粘り強い貢献は、時代の進歩とともに、今日以上に敬意をもって歴史的評価を得るべきである。

三　道徳における平等観の意義

本章二節の二の（3）歴史と科学に立った価値認識の箇所で、〈今日、量的かつ質的な普遍性を具える要件は、日本国憲法が憲法的価値として掲げる国民主権・基本的人権・平和主義の普遍的理念を基盤にして、市民の側が生活現場の事実に即して自主的に創造していく道徳であろう〉と述べて、さいたま教育文化研究所・教育課程と授業づくり研究委員会編（二〇一四）『民主的道徳を創造するために』を本章の注（6）で一部を紹介した。

その民主的道徳教育の実践による先駆的な提起《道徳教育の二つの目標と五つの柱》を継承しつつ、ここでは、特に道徳における平等観の意義を論じていく。

人間の平等を考えるとき、身体上の生理的な均等性についてを殊更に平等の比較対象としない。人間は、一人ひとり身体的に均質でないし、生育環境も違う。むしろ、人間は多様性を特質としている。人類が地球上を生きながらえて来たのも、ホモサピエンスの多様性を武器として環境的変化にその都度順応してきたからである。今日、人々が求めている人間の平等は、人々の多様性の中の「平等」である。

世界中に知れわたる私的財貨の極端な局在と、他方における貧窮の拡大が社会的不平等を認知する根本的理由になった。一定の社会制度のもとで産みだした財貨をどのようにするかについては人間の平等を現実のものにする重大な課題になる。空気や水、土地等の公共空間が護られ、交通やエネルギーが公共化し、衣食住の生活に安心し、健康と文化的生活が快適になれば、人間の身体の一部のように考え、さらには人間を表すすべてであるかの如く固執してきた私的所有への欲求は（やがて必要以上のものは）社会生活上の桎梏となっていく。それを物語るように、高齢化社会に不可欠な介護福祉事業の領域から、〈人間の対等性が人に幸福をもたらす〉と、支援の側と支援を受ける側の対等性が説かれている。(18)

不平等な教育状況が改善され、社会全体の不平等な状況を改善していくにあたっても、平等の観念を貴重な価値と理解し、自らと自分たちの社会に向けて行動する時代が来ている。今世紀の正義は平等観が中核になる。

ところで中学校の学習指導要領の内容項目に「平等」の項目はない。小学校のそれにもない。「平等」の概念に類似する項目として、［C 主として集団や社会との関わりに関すること］の中に［公正、公平、社会正義］があり、そこに〈正義と公正さを重んじ、誰に対しても公平に接し、差別や偏見のない社会の実現に努めること〉と説明している。この説明に対して、第一章〔三学習指導要領の変遷に見る社会観、及び生き方の変成〕では、「周りの他者に対して公正、公平を示すという意味での公正、公平、正義を重んじると説いていて、そこでは、社会的公平の指標を変更して、人間の〈差別や偏見の観念を排する〉という理念的公平の社会が目指されている」と問題点を挙げておいた。

第一章の【表1 学習指導要領に示す徳目（七事項）の変遷】のうち、横列／(11)公正、公平、社会正義を、縦列／一九五八年中学校道徳編で見ると、表1欄外の※に示したように、厳密に言えば公正、公平、社会正義に該当する内容事項ではないのだが、〈すべての人格を尊敬して、自他の特性が、共に生かされるように努めよう。（内容解説：人格とは、人はその根本において、お互いに自由であり平等であるという自覚から生まれたことばである。）〉と記してある。「平等」概念が「公正、公平、社会正義」に近接していることが分かる。それに対して、一九七七年以降の学習指導要領では、その「平等」の意味合いを薄めて社会の公共性に人間の公正・公平を適合させようとしているのが伺える。

一九五八年の中学校道徳編が説明するように、人間の人格のもとに公正・公平を置き、「人格とは、人はその根本において、お互いに自由であり平等であるという自覚から生まれたことばである」との内容解説は、「人間の平等」の根幹を言い当てている。従って、「平等」の内容を一九五八年中学校道徳編から引き継ぎ、《明日の道徳》に繋いでいくのは道徳教育の歴史をふまえた適切なあり方である。

道徳教育で人間平等を位置づけようとするとき、以下の事柄も大切な内容である。道徳指導の内容を区分した四つの視点の一つ、〔D 主として生命や自然、崇高なものとの関わりに関すること〕のうち、〔生命の尊さ〕では、その意味を〈生命の尊さについて、その連続性や有限性なども含めて理解し、かけがえのない生命を尊重すること〉と説明している。「解説道徳」を見ると、〔生命の尊さ〕についての詳しい説明から「平等」の意味するところを汲み取ることができる。宗教的な観念が含まれてはいるが、例えば、〈ここで言う生命は、連続性や有限性を有する生物的・身体的生命に限ることではなく、その関係性や精神性においての社会的・文化的生命、さらには人間の力を超えた畏敬されるべき生命と捉えている。そうした生命のもつ侵し難い尊さが認識されることにより、生命はかけがえのない大切なものであって、決して軽々しく扱われてはならないとする態度が生まれてくるのである。（六二ページ）〉、〈それぞれの生命体が唯一無二の存在であること、しかもそれらは全て生きているということにおいて共通であるということ、自分が今ここにいることの不思議（偶然性）、生命についていつか終わりがあること、その消滅は不可逆的で取り返しがつかないこと（有限性）、生命はずっとつながっているとともに関わり合っていること（連続性）、生命体の組織や生命維持の仕組みの不思議などを手掛かりに改めて考えさせることができる。（六三ページ）〉との解説がある。

「平等」は、それを願う観念のみに止まっていては現実が観念を押し潰すし、現実の不平等を糺す行動に埋没していては理念を見失う。理念と現実を結ぶ平等の実現が望まれる。そこで、「人間の平等」の意味を〈人はそれぞれに大切な唯一の命を与えられて生きている。唯一という意味において平等である。一度限りの人生を幸せに向けて自ら選択し、享受し、自他共にお互いを尊重しあうことで、社会全体の幸福を考え求めていくこと〉と定めておく。もとより、道徳の価値理解に定型の意味解釈を持たせて枠組みを設ける必要はない。ここでの意味設定は一つのメルクマール（目印、指標）である。人々が日常の中で取り交わすコミュニケーションが最も大切であり、そこから新たな意味が加わり改変されていくものである。

その現実的コミュニケーション・ツールとして表れている運動がある。人間の尊厳と生存、平等、公正、幸福を求めて、〝だれ一人取り残されない〟社会の実現を目指し〝我々の世界を変革する〟と掲げるＳＤＧｓ（Sustainable Development Goals：持続可能な開発目標）の理念と運動である。蟹江憲史（二〇二〇）は、「国連総会で採択されたＳＤＧｓは、当時の加盟一九三カ国すべてが賛同した点に大きい意義があり、……すべての加盟国によって合意されているということは、世界の進むべき方向性が明らかになっているということであり、そこで描かれた世界が、紆余曲折はあれ、いずれ実現される確度も高いということになる[19]」として、達成目標年とする二〇三〇年に期待を寄せる。

それぞれの国や民族の固有の歴史と、国家・民族間の紛争や外交、交易を束ねてきた今日までの世界史に、SDGsというユニバーサルな実現目標が全世界に広がり、それへの歩み方はそれぞれに違っていても共同行動をすべての国が合意した。SDGsは世界を大きく転換させる動因となって、しかも目的に向かって世界を創造していこうとしている。その行動は、世界的規模で取り組まれる「平等運動」の具体的なコンセンサスを確保していく一大プロセスである。

〝二一世紀は世界全体の変革期であった〟〝人類が計画する地球史の草創期となった〟と、後世の世界史に記述されるだろう。

注

（1）前川喜平・寺脇研著『これからの日本、これからの教育』ちくま新書、二〇一七年、二一、二二ページ。

（2）笹沼弘志「日本社会を蝕む貧困・改憲と家族―二四条「個人の尊厳」の底力」中里見博・能川元一・打越さく良・立石直子・笹沼弘志・清末愛砂著『右派はなぜ家族に介入したがるのか―憲法二四条と九条』大月書店、二〇一八年、一〇七〜一二八ページ。

（3）同右、一二七ページ。

（4）戸坂潤『戸坂潤全集 第四巻』勁草書房、一九六六年、二五〇ページ。

（5）宗像誠也『教育と教育政策』岩波新書、一九六一年、二四ページ。

（6）さいたま教育文化研究所・教育課程と授業づくり研究委員会編（二〇一四）『民主的道徳を創造するために』は、民主的道徳教育の実践と蓄積を踏まえて、その教育の二つの目標と五つの柱を先駆的に提起している。

～二つの目標～

①子どもが「良心の自由の主体」であるにふさわしい自主的な判断力と行為の能力（道徳性）を育てる。

②人権尊重を基本とする民主的な価値・規範意識（道徳性の核心）を育てる。

～五つの柱～

①自他の生命と人権を尊ぶ。

②学習と労働を大切にし、真理・真実を学ぶ。

③民主的な社会づくりに参加する。

④自然との共生をはかる。

⑤平和な世界を希求する。

（7）佐貫浩『道徳性の教育をどう進めるか』新日本出版社、二〇一五年、五七～六二ページ。

（8）ルソー『人間不平等起原論』本田喜代治・平岡昇訳、岩波文庫、一九三三年／二〇〇六年第八二刷、七五～七六ページ。

（9）同右、八二ページ。

（10）同右、一三〇、一三一ページ。

(11) 二〇二二年のウクライナ戦争に際して、ソ連の侵略を阻止できないことをもって、国連の運動を無意味化したり、疑問視したりするのは無理解であるし、ましてや非難するのは自らの勢力（や国）の利益と整合していないという世界史的後進性を表している。

(12) 前掲書（8）一三〇ページ。

(13) そのことの論拠ではないが、自民党の日本国憲法改正草案の第一四条にも、〔全て国民は、法の下に平等であって、人種、信条、性別、障害の有無、社会的身分又は門地により、政治的、経済的又は社会的関係において、差別されない〕と、〈障害の有無〉の語句がようやく付け加わった。日本政府が障害者権利条約を批准した二〇一四年は、国際社会では一四〇番目だった。

(14) 申惠丰『国際人権入門』岩波新書、二〇二〇年、一四一～一四九ページ。
本文中の日本学生支援機構が行っている奨学金制度の実情と問題については、本書を参考にして記述した。

(15) 渡部昭男『能力・貧困から必要・幸福追求へ―若者と社会の未来をひらく教育無償化』日本標準ブックレット、二〇一九年、六ページ。
ここで、渡部は、教育の権利を「エンパワーメントの権利 empowerment right」だという。すなわち、教育は①人格を完成する、②社会に貢献する、③人生・生活をコントロールする、④社会を統治する、⑤社会階層を上る、といった形で人々をエンパワーする。

(16) 文部科学省教育課程企画特別部会『論点整理』初等中等教育局初等中等教育企画課教育制度改革室二〇一五（平成二七）年一一月。

（17）児美川孝一郎・前川喜平『日本の教育、どうしてこうなった？』大月書店、二〇二二年、三三〜五五ページ。
前川は、学習指導要領の企画作成に（中心的に）関わった人物名を挙げ、論理的気質の〝理屈っぽい〟ところが反映して〝やりすぎ〟だったと評している。それを聞いた児美川は、官僚職員の属人的思考要素が学習指導要領の記述内容に反映していたことに驚くとともに、その改変の可能性を見定めている（四五〜五〇ページ）。

（18）二〇〇〇年度導入の介護保険制度によって本格化した介護福祉事業では、三つの〈介護の基本思想〉が示されている。①介護は人間しかしない営みで、人間であることの証明である。②要介護者をどう支えるかを通して、その社会の性格と品格が示される。③介護をする人が幸せでなかったら、介護される人も幸せにはなれない。

（19）蟹江憲史『ＳＤＧｓ（持続可能な開発目標）』中公新書、二〇二〇年、二、三ページ。
ＳＤＧｓには一七の目標（goal）と一六九のターゲット（target）が掲げられていて、教育分野は〔目標四：すべての人々に、だれもが受けられる公平で質の高い教育を提供し、生涯学習の機会を促進する【質の高い教育をみんなに】〕と表題を掲げ、一〇のターゲットを提示している。

コラム
1

道徳教育の理論と実践の講義から

近藤 真理子

教員養成課程の学生と道徳の教科書(テキスト)を読みあった。《このテキスト使えるのかな》と、学生自身も不安を感じている。テキストを読む前に、道徳性の発達段階について、コールバーグに学ぶ。物事の善悪の判断の発達について示されていて、①服従と懲罰の段階 ②個人主義と交換の段階(善悪を報酬や利益によって考える段階) ③喜びと「良い子」の段階(助けや喜びなど良い子であるかどうかで考える段階) ④法と秩序の段階(権威の尊重や法への服従、社会的側面を考える段階) ⑤社会契約と個人の権利の段階(規則も大事であるが生命の尊さに気づく段階) ⑥普遍的倫理観原理の段階(万人を尊重する段階)。

要は叱られないような行動をする第一段階、ほめられるかどうかの第二段階、みんなの中で良さが認められる第三段階、これをした方が社会(学級集団や友達)の中で安心と利益を得る第四段階、規則もあるが、それより命を守るために自分はどうするかの第五段階、それを社会化するために行動できる第六段階。

「自分はどこにいる?」と学生に問う。二〇歳の彼らでさえ、「ほめられるか、叱られるかで善悪や行動の判断をするなあ」（第一、二段階）という学生がちらほら。「これをしておいた方が浮かない、これをしておいた方が自分が得をする」と問い続ける。

道徳の教科書に『おじさんからの手紙』がある。電車の中での子どもの行動を見たおじさんから手紙が届くという内容で、教育実習の研究授業では、このテキストを扱い、「遠足のときは席を譲ってね」とまとめて終わっていた。

〈実際の場面で電車にのって、前に高齢者が立つ。ほめられるから席を譲るのか、席を譲ったらみんなから「いいかっこしている」と言われるから譲らないのか、みんなで一斉に席を立つのか（第三段階）、シルバーシートについて、車両編成について、会社に意見をするのか、どうする?〉と学生たちに問うてみる。〈うーん、そこまでできないなあ……〉と思う彼らが教師になって教壇に立つ。学生を含めて私たちのどれくらいの人がこの第五段階に立てているのだろうか。彼ら自身も問いの中にいる状況で、道徳授業のまとめをして評価をするということに道徳教育のむずかしさが伴う。

（太成学院大学）

コラム 2

中学校道徳の取り組みについて

近藤 真理子

ある中学校での授業実践をきき取った。以下は、そのききとり内容である。

本中学校では、教科担当制であるために、「特別の教科 道徳」（以下、「道徳」）の専科担当はいない。そこで、本中学校では、輪番制で授業を担当する。毎週の「道徳」の時間を学年教師全員で割り振る。教科書をみて、自分の指導しやすい単元を選び、授業を進める（教えやすい単元というのは、どうしても重なりがあって、最後まで選ばれない単元もある）。四月一週目は、田中先生、二週目は山田先生というように割り振り、その先生が全学年教えるという方法である。修学旅行や合唱コンクールなどの取り組みと絡めた道徳の時間もあり、それには担任や行事の担当者が実施をすることもあるので、担当するのは年に二回程度、持ち時間数でいえば、一学年四クラスあるため、年間八時間数える程度で、（見た目には）それほど負担感はない。しかし、実際は、専門的に道徳について学んだわけでもないので、時間数の増加よりも不安感や専門性のなさからくるプレッシャーが大きい。

廣済堂あかつきの教科書には『てんびんばかり』という教材が掲載されている。台風の日に点検のため仕事に出かける父が、家族に「仕事と家庭どちらが大事か、それは比べられないものなんだよ」と声をかけて出かけていくところから〝勤労〟について考えさせる単元である。「勤労の尊さや意義を理解し、社会に貢献する」ことがねらいであるが、父が、という設定から、男性はどんなに厳しい状況であっても外で働くもの、というメッセージが見え隠れする。

テキストのタイトルに寄り添って、河島英五の「てんびんばかり」を授業の最後に歌う。この歌は一九九二年に発表された歌で、三〇歳の青年が作った歌とは思えない。「真実は一つなのか、どこにも転がっているのか　何もわからない僕がいる」と始まるこの歌は、お互い好きだからこそ、分かり合えない不条理であふれ、どこまで行っても答えはないけれど、それが、お互いの分からなさや、伝わりにくさであるという歌である。それを教科で教えられるのだろうかと、（歌いながら）思うという。

台風の中、出ていかなければならない仕事に従事する人への感謝を本当に持たせられるのか、あるいは持つように指導をするのか、「勉強しなければ雨の中を出ていかないといけないような肉体労働に就くことになるのかな」などという思いを中学生は（実は）抱いていても、そこはコメントしないところが中学生のエライところである。出かけるのが、母なら、

「お父さんはお母さんに、『母は家を守るものだ！』と一蹴し、家にいて家庭と仕事の両立について考えました」とか、「家族のために停電になってもいいようにおにぎりを作って出かけました」となるのが現実ではないか、とも思う。ここでジェンダーギャップについて指摘をしつつも、中学生は、思いもよらない発想を出すことになるのかもしれない。各家庭にどんな父、母がいて、それが彼らの眼にどう映るのか聞きたいところである。

（太成学院大学）

コラム3

自主教材も積極的に導入を

河合典彦

中学校現場においては、ともすれば「特別活動」や「総合的な学習の時間」との区別が曖昧になることもあった「道徳」が教科化され、学習指導要領には系統立てて分類された二二項目の具体的な内容が示された。当然ながら、その内容を網羅した検定済教科書も発行された。実施時間は年間三五時間、つまり週あたり一時間の授業であるから、いわゆる九教科の時数と比較してみると二、三年生の音楽、美術、三年生の技術・家庭の授業時間と同等である。学習指導要領の総則や「特別の教科」のカテゴリーに格上げされた「道徳（科）」の目標や詳しい項目内容を把握し、授業を計画・実施していくことを考えると、年間三五時間は決して多いどころか、内容にしっかり拘って授業をすれば、むしろ足りないようにも思える。

二〇一九年度からの全面実施となる前年度、前々年度から教科書のような副読本が配付され、全面実施に向けての試行が始まった。学習指導要領によると、道徳の授業は学級担任の教師が行うことを原則としているが、筆者の勤務校では担任負担の軽減を図るため、学年所属の教師全員で時数を均等割にして授業を行っていた。つまり九教科の授業と同じように一人の教師が同一の授業を学級の数だけ行う訳である。おそらく、多くの学校はそのようなやり方を採っているのではあるまいか。

試行二年間は、副読本中の教材の中から生徒や学校の実態に応じていくつか選んで行うこともあったが、他はできるだけ自ら収集してきた教材、いわゆる自主教材を使用するようにした。これは、教師自らが体験したり、目にしたりして得た情報や、学校や地域に根差した実態をもとに教材化を図る方が、学習内容を生徒たちがより身近に捉えてくれるという思いに他ならない。副教材（の情報）だけではどうしても学習内容と生徒との距離感が縮められないことも多いと考えるためである。これは、後に述べる教科書の情報についても同様である。

具体例をひとつ紹介しよう。筆者が当時勤務した中学校区内には淀川が流れており、堤防上の道路などは信号機もなく、また、車やバイクが通行できないように車止めやバイク止め（自転車の通行は可能）が各所に設置されている。筆者も含め、生徒たちも卒業後の通学など自転車で安全な堤防上の道路を利用している。筆者がよく経験するのは、自転車が一台ずつしか通れないバイク止めでちょうど対向する自転車と出会う場面でのことである。できるだけ譲るようにしているのだが、そのときの先方の反応である。意外に思われるかも知れないが、数えてみると実に八割近い方々がまったく「無反応」なのである。これには年齢による差もほとんどない。声に出さずとも、軽く会釈ぐらいはできないものだろうか。自分が先に通してもらうために相手に待ってもらっていることは分かっているのだから。

そんな日々の筆者の体験をもとに「人と人がお互いに気持ちよく過ごすには……」というテーマを設定し、この具体的な事例を挙げ、一年生を対象に二週にわたって二コマの道徳の授業を行った。詳細は紙面の都合で割愛するが、生徒どうしの話し合いや教師の思いなどの話を通して、最終的には自分の意思を極めて無理なく、そして最小限で相手に伝える方法として「会釈」がある。その効用でお互いが気持ちよく過ごせる場面がたくさんある、ということに気づけた。このような意見が多く見られたように記憶している。
　全面実施がスタートして退職までの二年間は教科書を使っての道徳の授業を経験した。試行期間とちがって、他教師とのバランスもあり、自主教材との併用というスタイルは取りづらくなったと感じた。もちろん、教科書もそれなりに学習指導要領の目的に則して精選された優れた教材を集めて作られているのだが、先に述べたように、生徒との距離感のより近い教材も使いたい。教科書があるとどうしてもそれに頼り切って授業を進めがちになるが、学習指導要領にも「多様な教材の活用に努めること」と明記され、自主教材の活用も推奨している。自主教材の導入は教師そのもののモチベーションが非常に高まる授業でもある。道徳科も九教科と同様、学習指導要領の中での自由度をしっかり発揮した授業を進めることを検討したい。

（元 中学校教員）

第五章　明日の道徳教育　―道徳教科書から―

道徳教科書について

教育課程の教科に位置づいた「特別の教科 道徳」（以下、道徳科）には教材としての教科書が作成された。そこに編集されている題材は一般的に教科書教材と呼ばれている。この教科書教材を使って授業を進めるにあたり、学校と教師にとっては教育実践の蓄積が少ない経緯もあり、授業の目標や方法、子どもの学習活動や評価等についての指導困難が伴うと予想される。また、子どもの心の領域を左右していく戸迷いはさらに大きい。

佐貫浩（二〇二〇）は、道徳科には国家が選び出した価値規範や行動様式を教化し、戦後教育改革において否定された道徳の国家的教化へと向かう危険な性格が深く組み込まれていると言わざるを得ず、基本的に道徳科は批判の対象であるが、それを実践せざるを得ない現実のもとで、いかに対処するかが課題となっているとして、選択教材や指導方法を以下の①～④のように提起している。[1]

①教科「道徳」が示す内容や方法を、子どもたちの道徳性の形成に必要なテーマ、内容、教材へと（自主編成することも含めて）組み替える努力をする。
②教材の自主編成が困難な場合、教科書教材を使用するとしても、その教材の批判的分析を行い、子ども自身が社会規範や自己の道徳規範を自主的主体的、批判的に検討していけるような教材の読み方、議論の進め方、探求への挑戦を工夫する。
③子どもの道徳性の形成は、教科学習と自治、生活づくりの全体を通して行うものである。教師自身がそれらを貫いてどういう道徳規範、関係規範を作り上げていくかという学級づくり、子どもたちの関係性の形成の目標と見通しを持つことが基本となる。道徳科の授業の目的もまた、教師自身による教室の中の道徳性、子どもの関係性規範の組み替え、発展の目標のための教育実践の展開の一環に位置づけなければならない。
④シチズンシップ教育、主権者教育、環境教育、ジェンダー平等教育、「いじめ問題学習」などを特設したり、総合学習的な形で子どもたちが直面している生き方の課題、矛盾などをテーマにして、人権や平等、平和、格差や貧困、性やジェンダーの課題等々を学習し、自分たちの生活や考え方を検討していくような試みは、子どもの道徳性の形成にとって大きな意味を持つ。

右の②に基づいた道徳教科書の内容に関する分析研究として、池谷壽夫（二〇二〇）は、二〇二一年度中学校道徳教科書全体を総覧して、以下のように教科書教材編成の特徴と問題点を指摘している。

教科書教材は道徳科の二二項目に亘る道徳的価値（「内容項目」）の理解を促すために編成されている理由から、文科省や教育委員会、編集委員会作成の読み物教材は「できすぎストーリー」ないしは「いい子ストーリー」になっていて、人物の内面的葛藤が美化されすぎている。また、文学やノンフィクション教材では全体の文脈から切り取ったり、歴史的社会的背景を捨象して道徳的価値を焦点化して理解させようとするので、作品本来の理解から遊離したり曲解を招く恐れがある。(2)

今日の教育現場が当面（日々）の実践上で求めているのは、佐貫が提起した上記の②と③、及び池谷の教科書教材編成の問題分析を踏まえた具体的な道徳教科書の教材研究を進めていく局面だと考える。加えて、学校と教師が子どもの実態と地域・家庭の状況を丹念に把握して、（集団的）自主的に教材を選択したり編成したりしていくのが中期的な目標設定となるだろう。

ここでは、佐貫の教材選択のあり方に従いつつ、道徳教科書の題材を教材として選択するとすれば、どのように教材研究を進めていけばよいかについて、教材研究の具体的事例を提起して参考に供したい。

二〇二〇（令和二）年二月、学研教育みらい（通称 Gakken）、学校図書、教育出版、廣済堂あかつき、東京書籍、日本教科書、日本文教出版、光村図書の計八社の中学校道徳科教科書が文部科学省の検定を通過していた。言うまでもなく、中学校学習指導要領第一章 総則及び第三章 特別の教科 道徳の目標や内容等に準拠していることが教科書検定の認可基準である。

第一章 総則には、目標と指導における留意内容が明示されている。

・目標：道徳教育は、教育基本法及び学校教育法に定められた教育の根本精神に基づき、人間としての生き方を考え、主体的な判断の下に行動し、自立した人間として他者と共によりよく生きるための基礎となる道徳性を養うことを目標とすること。

・指導における留意内容：道徳教育を進めるに当たっては、人間尊重の精神と生命に対する畏敬の念を家庭、学校、その他社会における具体的な生活の中に生かし、豊かな心をもち、伝統と文化を尊重し、それらを育んできた我が国と郷土を愛し、個性豊かな文化の創造を図るとともに、平和で民主的な国家及び社会の形成者として、公共の精神を尊び、社会及び国家の発展に努め、他国を尊重し、国際社会の平和と発展や環境の保全に貢献し未来を拓く主体性のある日本人の育成に資することとなるよう特に留意すること。

中学校学習指導要領解説「特別の教科 道徳編」（以下、「解説道徳」）では、第一章 総説の中で、「教育基本法をはじめとする我が国の教育の基本理念に鑑みれば、道徳教育は、教育の中核をなすものであり、学校における道徳教育は、学校のあらゆる教育活動を通じて行われるべきものである」（三ページ）と記し、道徳教育の要とする道徳科の目標と内容は道徳教育の目標と内容と一体であると説いている（四ページ）。

そして、道徳教育の目標を達成するために指導すべき内容項目について、「解説道徳」は「小学校から中学校までの内容の体系性を高めるとともに、構成やねらいを分かりやすく示して指導の効果を上げることや、内容項目が多くの人に理解され、家庭や地域の人とも共有しやすいものとするなどの観点から、それぞれの内容項目に手掛かりとなる「自主、自立、自由と責任」などの言葉を付記した」（五ページ）と説明している。それらの内容項目（二二項目）を以下の四つの視点に分けた。A 主として自分自身に関すること、B 主として人との関わりに関すること、C 主として集団や社会との関わりに関すること、D 主として生命や自然、崇高なものとの関わりに関することである。

そこで、内容項目を区分しているA、B、C、Dのそれぞれの視点領域内で、掲載数の多い教科書教材を一教材ずつ選んで教材分析を進めていくことにする。

道徳教科書の教材は、学習指導要領　道徳科　第二　内容に基づき、その内容を理解し、判断し、それを価値づけ、実践的意欲と態度を養うことを目標にして編集されている。どの教材も、その主旨を踏まえて構成されているので、教材を分析するときは、それらがどこに表れているかを検討しながら進めることになる。

なお、教材をもとに授業をしたのち、あるいは、その過程で〝教育評価〟を伴うことになるが、吉田武男（二〇一八）は、道徳教育における評価の困難性と必要性を論じつつ、道徳科における評価のあり方・考え方・方法を提起している。[3] 本章が学習指導案作成の前段階になるので、評価の観点を割愛することにした。

次ページからの掲載教材について、『裏庭でのできごと』、『言葉の向こうに』は廣済堂あかつき、『二通の手紙』、『足袋の季節』は光村図書からの引用である。

注

(1) 佐貫浩「道徳的価値を教育はどう扱うべきか ―道徳性の教育の方法論を考えるために―」民主教育研究所編 民主教育研究所年報二〇二〇（第二〇号）『学校教育の「道徳化」―私たちがめざす道徳性の教育とは―』民主教育研究所、二〇二〇年、一四ページ。
(2) 池谷壽夫「中学校「特別の教科 道徳」教科書（二〇二一年度）の特徴と問題点」前掲『学校教育の「道徳化」―私たちがめざす道徳性の教育とは―』八八～九七ページ。
(3) 吉田武男「道徳教育における評価」田中マリア編著『道徳教育』ミネルヴァ書房、二〇一八年、七五～八四ページ。

3 裏庭でのできごと

文部省

チャイムが鳴り、給食時間が終わった。食器を片づけると、みんないっせいに校庭へ飛び出していく。

健二はすかさず、サッカーボールを持ち出してきた。

「健二、裏庭でやろうぜ。」

大輔と雄一が誘った。

「ええっ、裏庭はまずいよ。」

健二はそう答えてはみたものの、「またこの前みたいに先輩にボールを取られてしまったらどうするんだよ。」

そう大輔に言われては、返す言葉がなかった。

三人で、体育館の裏庭に行くと、さすがに誰もいなかった。

突然、大輔が「あっ。」と声を上げた。

「ほら、ほら、あそこ。」

大輔が指差すほうを見ると、一匹の猫が、物置の軒下にある鳥の巣に侵入しようとしていた。巣の中には、まだ生まれて間もないひなが見えた。

「ああっ、どうしよう。」

健二がそう思った瞬間、雄一がボールを猫めがけて投げていた。猫は、ボールに驚いて逃げた。しかし、次の瞬間、ガシャーンという音がした。投げたボールが物置の天窓に当たり、ガラスが弾け飛んだのだ。

道徳ノート 1ページ

10

「雄一、よく助けたな。」

「でも、どうしよう。」

「仕方ないだろ。ひなを助けようとしてやったことなんだから。先生に報告しにいけばいいよ。」

大輔は、ガラスを割ったことなど全然気にしていない様子だった。

「じゃあ、先生に報告してくるよ。」

職員室へ行こうとする雄一を大輔が呼び止めた。

「雄一、そんなのあとでいいよ。俺たち、ひなの命を救うという、いいことをしたんだぜ。少しぐらい遊んでも罰は当たらないぜ。」

「いや、今行ってくるよ。」

雄一は、大輔を振り切って職員室へと向かった。

残された健二は、ガラスの片づけを始めようとした。

「健二、ちょっとだけやろうぜ。」

大輔は健二に向けてボールを蹴ってきた。

二人は初め、軽く蹴っていたが、距離をとって強く蹴り始めた。

そのうち健二が蹴ったボールが、さっきの物置のほうに飛んでいった。

「しまった。」と思ったときには、ガシャーンという音がして、ガラスが割れてしまった。見ると、さっき割ってしまったガラスの隣のガラスが、粉々に飛び散っていた。

そこに雄一が松尾先生を連れてきた。

「先生、ここです。」と雄一は、物置の天窓を指した。

「ひなが猫に獲られそうになったので、慌ててボールを投げてしまったのです。」

雄一は、事情を説明し始めた。

「先生、雄一はひなを助けようとしてやったことなんです。お陰であのひなが助かったんです。許してやってください。」

大輔がすかさずそう言い添えて、雄一と松尾先生の間に割って入り、事情を説明した。

「どうも、すみませんでした。」

雄一は、深々と頭を下げた。

「よし、分かった。怪我をしないようにしてガラスの破片を片づけておくように。」

そう言い残して、松尾先生は戻っていった。

「おい、どういうことなんだよ。ガラスが二枚割れているじゃないか。俺がさっき割ったガラスの隣の、あのガラスはいったいどうしたんだよ。」

雄一は大輔に言った。

「俺じゃないぜ。お前が職員室に行ってから二人で遊んでいたら健二がガラスを割ってしまったんだよ。」

大輔は、そう説明した。

「健二、お前、やっちゃったのかよ。」

雄一は言った。

「ああ……。」

健二は力なく答えた。

「なんだよ、汚ねえなあ。二人でやったことを俺の割ったガラスに便乗させて。お前ら、調子よすぎるぜ。」

雄一は憤慨しているようだった。

「でも、俺がうまく言ってやったから、そんなにきつく怒られずに済んだんじゃないか。そんなに冷たいこと言うなよ。友達じゃないか。」

大輔は、そう言うとドリブルをしながら、校庭のほうへ行ってしまった。

残された二人の間には、気まずい雰囲気が漂い、無言のままだった。昼休みの終わりを告げるチャイムが鳴った。

五時間目の授業は好きな英語だったが、健二は全然身が入らなかった。

授業が終わり、サッカー部の練習に行った健二は大輔に言った。

「僕、先生に言いにいこうと思うんだ。」

「いいよ、そんなこと。あの場で済んだことなんだから。」

「そんなこと言ったって……。」

健二はあとの言葉が続かなかった。

「いいか。俺を出し抜いて先生のところになんか行くなよ。俺の立場が悪くなるじゃないか。」

大輔はボールを持って、健二から離れていってしまった。

健二は、練習が終わっても、気が重かった。

家へ帰ってベッドに寝転んでも、サッカーボールと割れた窓が目の前にちらつく。

「今さら言ってもしようがないか……。でもなあ……、でもなあ……。」

ため息混じりに寝返りを打った健二は、三人仲よく肩を組んだ壁の写真に目をやっ

便乗 都合のよい機会をとらえて、それを利用すること。
憤慨 ひどく腹を立てること。

た。雄一も大輔も屈託のない笑顔だ。

「やっぱり、このままじゃあ……。」

次の日、健二は昨日のことが気になって、重い足取りのまま、学校へ向かった。

健二は、雄一にきっぱりと言った。

「僕、やっぱり松尾先生のところに行ってくるよ。」

「おい、大輔は……。」

雄一は、大輔のことを気にしているようだった。

健二は首を横に振ると、一人で職員室へと向かった。

その直後、大輔が息せき切ってやってきた。

「雄一っ、健二はもう職員室へ行ったのか？　今朝早く、健二から電話をもらったんだ……。俺も……職員室へ行くよ。」

そう言い残すと、大輔は雄一に軽く手を上げ、健二のあとを追いかけた。

屈託のない　心に気がかりがなく、晴れやかな気持ちで。

14

考える・話し合う

学習の手がかり

雄一と大輔という友人二人のことを考えて悩んだ末に健二がとった行動から、健二の決断を支えていたものについて考える。

- 健二はどんなことを考え、悩んでいたのだろう。
- 職員室に向かう健二はどんなことを考えていたのだろう。
- 告白することを決断した健二の心を支えている考え方とは、どんなものだろう。

考えを広げる・深める

- 健二のあとを追いかけ、職員室に向かった大輔は、どんなことを考えていたのだろう。

「私にはその行為に責任があるのだろうか？　ないのだろうか？」という疑問が浮かんだら、あなたに責任があるのだ。（ドストエフスキー）

一　裏庭でのできごと

『裏庭でのできごと』は、文部省編『道徳教育推進指導資料 一』が出典である。今回は五社（教育出版一年、廣済堂あかつき一年、日本文教出版一年、学研教育みらい一年、光村図書一年）が、これを〔A：主として自分自身に関すること〕の視点領域で一年生用教科書に取り入れている。なお、光村図書は、図書編集委員会が内容を一部改作して掲載している。

一　教材の目標

指導項目：自主、自立、自由と責任〔A：主として自分自身に関すること〕

指導目標：自立の精神を重んじ、自主的に考え、判断し、誠実に実行してその結果に責任をもつこと。

二　健二の言動と心情を中心に

。昼休み、健二は雄一と大輔に誘われて体育館の裏庭でボール遊びをする羽目になった。

「ええっ、裏庭はまずいよ」

○鳥の巣を狙う一匹の猫を追い払おうとして投げた雄一のボールが、物置の天窓ガラスに当たり、ガラスを割ってしまった。雄一は職員室へ報告に行く。
○健二は、ガラスを片付け始めると、大輔が「健二、ちょっとだけやろうぜ」と、健二に向けてボールを蹴ってくる。はじめは軽く蹴っていたが、次第に強く蹴りだすようになり、やがて健二が蹴り込んだボールが、さっき割ったガラスの方に飛んだ。一瞬、「しまった」と思ったが割ってしまっていた。
○雄一が連れてきた松尾先生に、健二は謝ることができなかった。松尾先生が職員室へ戻ったあと、健二が謝らなかったことを雄一から咎められる。
○その日の放課後、サッカー部の練習に行って、健二は「僕、先生に言いに行こうと思うんだ」と大輔に言う。大輔の「いいよ、そんなこと。あの場で済んだことなんだから」との制止に「そんなこと言ったって…」としか言えず、あとの言葉が続かない。健二は、練習が終わった後も、ずうっと気が重い。
○次の日、健二は、雄一に「僕、やっぱり松尾先生のところに行ってくるよ」と伝える。「おい、大輔は…」と問う雄一に、首を横に振り、一人で職員室へ向かった。
○そのあとで、大輔は健二のあとを追いかけるようにして職員室へ向かった。

三　指導目標に沿う健二の言動と心情

〈自律の精神を重んじ〉は、雄一の「おい、大輔は…」との問いかけに、それまでのような動揺もなく、きっぱりと〈健二は首を横に振ると〉で表わされ、〈自主的に考え、判断し〉は、「僕、やっぱり松尾先生のところに行ってくるよ」に表れ、〈誠実に実行し〉は、〈一人で職員室へと向かった〉に表れている。そして、〈その結果に責任を持つこと〉は、〈職員室へ行き、先生に謝る〉という責任の持ち方である。

健二は、大輔とボールを蹴り合っていて、強く蹴ったボールでガラスを割った。ガラスを割ってしまった自らの行動結果に責任を持とうと、職員室〈先生のところ〉へ謝りに行った。それら一連の経過は、指導目標に適った内容であり、健二の責任ある行動と誠実さに道徳的価値が与えられる。

ここでの特徴は、「まぎれもなく健二自身が蹴ったボールでガラスが割れた」という行動の結果が、「割ってしまった結果に対して自分が謝りにいく」という結果責任に連結している点にある。即ち、《自分がやったことは自分が責任をとる》である。しかも、その責任を誠実に果たす〈実行する〉ところに道徳的価値が認められる。〈しぶしぶ〉のような中途半端さがなく、他者（ここでは大輔）のせいでとかの恨みめいた心情も持たない潔い心情が価値評価されるのである。

「誠実に実行」することについては、多くの道徳的価値の内でも重要な意義を持つと説明している文書がある。「解説道徳」（二六ページ）には、次のように解説されている。「誠実に実行」するとは、すがすがしい明るい心で、私利私欲を交えず真心を込めて具体的な行為として行うことである。誠実は、自己を確立するための主徳であると言われ、Aの視点の内容項目だけでなく、他の視点の多くの内容項目にも関わる価値である。

四　道徳科指導の問題

責任の問い方や所在、その取り方が健二個人のもとで処されている。それによって健二が「先生のところへ謝りに行く」という判断が責任のあり方（取り方）に帰するのである。ガラスを割った結果の責任はだれか、どのように責任をとるか、を焦点化すると、〈健二が〉〈謝る〉という行為が責任を明らかにすることになる。

さて、指導目標にある「結果に責任を持つ」は、謝ることのみだろうか。健二は、自分の蹴ったボールでガラスを割った。それは確かだが、自分ひとりで遊んでいたのではない。三人の友人関係のもとでの行為であった。具体的には、裏庭に誘われたときは、「ええっ、裏庭はまずいよ」と言い、再び主導権を持つ大輔に「健二、ちょっとだけやろうぜ」と強いられて、ボール蹴りをしてしまった。また、割ってしまった後には、放課後に「僕、先生に言いに行こうと思うんだ」と大輔に打ち明けるが、「いいよ、そんなこと。……」と制止された。そのような友人関係や事実経過の中で、健二が〈蹴った〉→健二が〈割った〉という一点の事実が取り出されて、その結果において健二個人の没交渉的な責任が強調されている。この読み物における三者の人間関係や微妙な力関係のもとで引き起こされた事態を総体的に反省して、どこに問題があったのかを振り返っていくのが「三人の責任」であったのではないだろうか。ここでは、大輔の言動について、他の二人との対比で振り返っていくこともできるだろう。大輔の言動からは、無責任や横暴、自己中心性という要素を学ぶことができる。

幾つもの条件や人間関係の中で引き起こされた事態を個人の責任に焦点化していく考え方を進めると、個人の誠実さという精神性に寄りかかるようになる。それが、道徳化の論理なのであろう。

この教材に登場する三人の関係認識を進め、その中で起こる各個人の心情や事情、行動を把握することが大切である。すると、学習者は教材のストーリーとは違った合理的思考や行動を考えつくのではないだろうか。

五　授業の視点

健二は大輔にそそのかされてボール蹴りを始めてしまったが、ガラスを割ったのは自分だから「大輔だって悪いじゃないか」とも責めずに謝りに行った。大輔からは謝りに行くことを牽制されたにもかかわらず、自分で責任をもって謝り（＝謝罪）に行ったことが評価され価値づけられている。

一般社会を想定した場合、〈自分の犯した誤ちを誠実に償うべし〉という価値判断は、事態の解決や収束に意義をもたらす。そこには概ね利害関係が横たわっているので、結果に対する責任の行動のとり方としての妥当な側面がある。

しかし、学校教育における道徳の授業では、謝るという責任の取り方のみで済ませられるだろうか。謝りに行く（行かない）ことに焦点を寄せるのは人間の道徳性を問う大切な指標であるが、そこからさらに以下のような議題を話し合うと、「裏庭」で遊んだ三人の全体的な把握が進むのではないだろうか。

①職員室へ（一人で）謝りに行った健二をどのように思うか。
②健二は先生に何を話したらよいだろうか。
③あなたが健二なら、先生にどのように話すだろうか。
④三人はどのような反省をするのが良いだろうか。
⑤雄一、健二にとって、大輔はどのような友だちなのだろう。

大輔の言動については、読み手側が彼の人物像を決め難いところがある。三人の相互関係の中での大輔であるから、雄一と健二は大輔への人物評価を同じくしていないだろう。大輔の言動に関わって彼をどのように思うかの議論を進めるのは、その人物像の決め難さゆえに多様な考えが出されそうだ。

光村図書と廣済堂あかつきは、職員室へ謝りに行く健二の後を大輔が〈追いかけて〉行っている。子どもの現実により近い姿であろう。

33

言葉の向こうに

文部科学省

夜中に、はっと目が覚めた。すぐにベッドから起き出してリビングへ降り、パソコンの電源を付ける。画面の光が部屋の片隅にまぶしく広がった。

私は、ヨーロッパのあるサッカーチームのファン。特にエースストライカーのA選手が大好き。ちょうど今頃、向こうでやっている決勝の試合が終わったはず。どきどきしながら試合結果が分かるサイトをクリックした。

「やった、勝った。A選手、ゴール決めてる。」

思わず声が出てしまった。大声出したら家族が起きちゃう。そっと一人でガッツポーズ。

みんなもう知ってるかな。いつものように日本のファンサイトにアクセスした。画面には、「おめでとう」の文字があふれてる。みんな喜んでる。うれしくて胸がいっぱいになった。私もすぐに「おめでとう」と書き込んで続けた。

「A選手やったね。ずっと不調で心配だったよ。シュートシーンが見たい。」

すると、すぐに誰かが返事をくれた。

「それなら、観客席で撮影してくれた人のが見られるよ。ほら、ここに。」

「Aのインタビューが来てる。翻訳も付けてくれてる。感動するよ。」

画面が言葉で埋め尽くされていく。私は夢中で教えてくれたサイトを次々に見にいった。

学校でもサッカーの話をするけど、ヨーロッパサッカーのファンは男子が多い。私

道徳ノート
10ページ
インターネット

159

がA選手をかっこいいよね、って言っても女子同士ではあまり盛り上がらない。さびしかったけど、今は違う。ネットにアクセスすれば、ファン仲間がいっぱい。もちろん顔も知らない人たちだけど。今、この瞬間、遠くの誰かが私と同じ感動を味わってる。なんか不思議、そしてうれしい。気がつくともうすぐ朝。続きはまた今夜にしよう。

今日は部活のあとのミーティングが長かった。家へ帰ると、食事を用意して待っていた母に、

「ちょっと待ってて。」

と言って、パソコンに向かった。優勝後のインタビューとか、もっと詳しく読めるかな。楽しみ。

「Aは最低の選手。あのゴール前はファールだよ、ずるいやつ。」

開いた画面から飛び込んできた言葉に、胸がどきっとした。何、これ。

「人気があるから優遇されてるんだろ。大して才能ないのにスター気取りだからな。」

ひどい言葉が続いてる。読み進むうちに顔が火照ってくるのが分かった。

怒りでいっぱいになって夢中でキーボードに向かった。ファンサイトに悪口を書くなんて。

「負け惜しみなんて最低。悔しかったら、そっちもゴール決めたら。」

すると、また次々に反応があった。

「向こうの新聞にも、Aのプレイが荒いって、批判が出てる。お前、英語読めないだろ。」

「Aのファンなんて、サッカー知らないやつばっかり。ゴールシーンしか見てないん

だな。」

「Aは、わがまま振りがチームメイトからも嫌われてるんだよ。」

必死で反論する私の言葉も、段々エスカレートしていく。でも絶対負けられない。

「加奈子、いい加減にしなさい。食事はどうするの。」

母の怒った声。はっと気づいて時計を見た。もう一時間もたってる。

「加奈ちゃん、パソコンは時間を決めてやる約束よ。」

ずっと待たされていた母は不機嫌そうだ。

「ごめんごめん。ちょっと調べてたらつい長くなっちゃって。」

「そうなの。なんだか恐い顔してたわよ。加奈ちゃん、こっちに顔を向けて話しなさい。」

「はあい、分かりました。ちゃんと時間守ります。お母さんの御飯おいしいよね。」

そう言いながらも、私の頭はA選手へのあのひどいコメントのことでいっぱいだった。

「まったく調子いいんだから。でもね、ほんとかどうか目を見れば分かるのよ。」

私は思わず顔を上げて母を見つめた。その表情がおかしかったのか、母がぷっと吹き出した。つられて私も笑った。急におなかがすいてきちゃった。

食事のあと、サイトがどうなっているか気になって、恐る恐るパソコンを開いてみた。

161

「ここにA選手の悪口を書く人もマナー違反だけど、いちいち反応して、ひどい言葉を向けてる人、ファンとして恥ずかしいです。中傷を無視できない人はここに来ないで。」

　ええーっ。なんで私が非難されるの。A選手を必死でかばってるのに。

「A選手の悪口を書かれて黙っていろって言うんですか。こんなこと書かれたら、見た人がA選手のことを誤解してしまうよ。」

「あなたのひどい言葉も見られてます。読んだ人は、A選手のファンはそういう感情的な人たちだって思っちゃいますよ。中傷する人たちと同じレベルで争わないで。」

　なんで私が責められるのか全然分からない。キーボードを打つ手が震えた。

「だって悪いのは悪口書いてくる人でしょ。ほっとけって言うんですか。」

「挑発に乗っちゃ駄目。一緒に中傷し合ったらきりがないよ。」

　優勝を喜び合った仲間なのに。遠くのみんなとつながってるって、今朝はあんなに実感できたのに。なんだか突然真っ暗な世界に一人突き落とされたみたいだ。

　もう見たくない。これで最後。と、もう一度画面を更新した。

「まあみんな、そんなきつい言い方するなよ。ネットのコミュニケーションって難しいよな。自分もどうしたらいいかなって、悩むことよくある。失敗したなってときも。」

「匿名だからこそ、あなたが書いた言葉の向こうにいる人々の顔を思い浮かべてみて。」

　えっ、顔。思わず私はもう一度読み直した。そして画面から目を離すと椅子の背にもたれて考えた。

　そうだ……。駄目だなあ。何で字面だけにとらわれていたんだろう。一番大事なことを忘れていた。コミュニケーションしているつもりだったけど。

挑発（ちょうはつ）
相手を刺激して事件や争いを引き起こすように仕向けること。

私は立ち上がり、リビングの窓を大きく開け、思いっきり外の空気を吸った。

「加奈ちゃん。調べ物はもう終わったの。」

台所から母の声がする。

「調べ物じゃないの。すごいこと発見しちゃった。」

私は、明るい声で母に言った。

考える・話し合う

学習の手がかり

加奈子が発見したすごいこととは何かを探り、ネット社会における人間関係の在り方について考える。

- 「中傷する人たちと同じレベルで争わないで。」と言われた加奈子は、どんな気持ちだったのだろう。
- 加奈子が忘れていた「一番大事なこと」とはなんだろう。
- あなたが加奈子だったら、このあと、サイトにどのように書き込むか。

考えを広げる・深める

- インターネットでのコミュニケーションと、対面でのコミュニケーションの違いについて考えてみよう。

人間は誰でも自分のすることに自負心をもっているので自ら欺かれやすい。（マキャベリ）

163

二　言葉の向こうに

『言葉の向こうに』は、文部科学省編『中学校道徳 読み物資料集』が出典である。四社（光村図書一年、廣済堂あかつき一年、日本教科書二年、日本文教出版三年）が、〈B：主として人との関わりに関すること〉の視点領域で取り入れている。

なお、光村図書は、編集委員会が出典文章を一部修正している。その趣旨は、リビングという居間を省いて全般的家庭の居住空間を考慮していることや、パソコンからサイトにアクセスするという表現をスマホからのアクセスに変更して今日的状況に近づけるという配慮と工夫がなされている。

一　教材の目標

指導項目：相互理解、寛容〈B：主として人との関わりに関すること〉

指導目標：自分の考えや意見を相手に伝えるとともに、それぞれの個性や立場を尊重し、いろいろなものの見方や考え方があることを理解し、寛容の心をもって謙虚に他に学び、自らを高めていくこと。

二　加奈子の言動と心情を中心に

◦加奈子はヨーロッパのあるサッカーチーム、とくにエースストライカーA選手のファンである。

◦夜中に、リアルタイムで試合結果を知ることができるサイトにアクセスして、チームが勝利したこと、A選手がゴールを決めたことに歓喜した。その日も、ファンサイトに入って〈ネットの中で〉仲間と感動を共有した。

◦次の日、部活動を終えた加奈子は急いで帰宅し、パソコンでファンサイトを開く。そこには、思いもよらずA選手の悪口が書き込まれていた。

◦加奈子は『何、これ』と怒りたち、必死になって反論する。そのうちにだんだんエスカレートして、ひどい言葉で反撃してしまうようになった。

◦ひとまず夕食を済ませ、サイトがどうなっているかが気になってパソコンを開く。

◦すると、〈ここにA選手の悪口を書く人もマナー違反だけど、いちいち反応して、ひどい言葉を向けている人、ファンとして恥ずかしいです。中傷を無視できない人はここに来ないで〉との忠告を受けた。

◦『えぇーっ。なんで私が非難されるの』と、A選手を必死でかばっている思いを述べる。しかし、〈あなたのひどい言葉も見られてます。読んだ人は、A選手のファンはそういう感情的な人たちだって思っちゃいますよ。中傷する人たちと同じレベルで争わないで〉と注意を受けた。

◦なぜ自分が責められるのかが納得できない加奈子は、〈挑発に乗っちゃだめ。一緒に中傷し合ったらきりがないよ〉と諫められた。

◦『もう見たくない。これで最後』と、再度更新した画面には〈匿名だからこそ、あなたが書いた言葉の向こうにいる人々の顔を思い浮かべてみて〉と書かれていた。

『えっ、顔』。加奈子は読み直した。

◦加奈子は立ち上がり、窓を大きく開けて、思いっきり外の空気を吸った。

◦台所から「調べ物はおわったの」と聞く母に、明るい声で「調べ物じゃないの。すごいこと発見しちゃった」と明るく返事を返した。

三　指導目標に沿う加奈子の言動と心情

〈自分の考えや意見を相手に伝えるとともに、それぞれの個性や立場を尊重し、いろいろなものの見方や考え方があることを理解し〉は、〈ええーっ。なんで私が非難されるの〉や、〈あなたのひどい言葉も見られてます。読んだ人は、A選手のファンはそういう感情的な人たちだって思っちゃいますよ〉、〈中傷する人たちと同じレベルで争わないで〉などに表れている。

〈寛容の心をもって謙虚に他に学び〉は、〈挑発に乗っちゃだめ。一緒に中傷し合ったらきりがないよ〉に表れている。

そして、〈自らを高めていくこと〉は、〈窓を大きく開けて、思いっきり外の空気を吸った〉や、加奈子が母に「調べ物じゃないの。すごいこと発見しちゃった」と返事したこと、〈明るい声で母に言った〉の部分で自らを高めていく心情の変化を表している。

四　道徳科教材の問題

〈中傷する人たちと同じレベルで争わないで〉と、〈おそらくファンサイトの管理人からの〉警告を受けるのだが、どの内容が中傷に当たるのかという事実の確認が教材文中では明らかになっていない。ファンサイトに入り込んで来たメールはルール違反だから、しかも加奈子はA選手のファンだから懸命に反論や反撃を繰り出すのだが、言い争うにしても大切なのは侵入してきたメールの内容がファクトなのかフェイクなのかは、確認し検討していく必要がある。例えば、「あのゴール前はファールだよ」「向こうの新聞にも、Aのプレイが荒いって、批判が出てる」「Aは、わがまま振りがチームメイトからも嫌われてるんだよ」について、その真偽の程度を加奈子は確かめていく必要がある。その確認行動が教材文中に表されていない。この問題点をそのままにして文章が展開されているので、全体的に加奈子の独り善がりなストーリーになっていく。

また、加奈子が反撃した言葉も文中に示されていない。それが不明なままでの〈中傷する人たちと同じレベルで争わないで〉や〈挑発に乗っちゃだめ〉は、読み手側には事実に沿った加奈子への説得に映らない。つまり、この作品は架空の中傷場面を設定して物語を仕上げていることになる。

これだと、事実確認がないままに、あるいはそれとは関係なく「ひとの中傷はしない」「されてもしない」「あなたはあなた、私は私」という心得的な自己規範が強調されていくことになり、全体的に教条的な教材となっている。

匿名のメールは、もともと双方の顔が見えないものである。従って、〈匿名だからこそ、あなたが書いた言葉の向こうにいる人々の顔を思い浮かべてみて〉とするのは、相手をイメージするのが困難な場面であるのに、匿名者の顔を想い描くことを指示している。この点でも文章の流れの不自然さを感じさせる。

結果として加奈子が〈発見した〉ことは、感情的にならず、冷静になり、自己を保つこと、自己を失わないことになる。そして、〈発見できていない〉ことがある。加奈子自身が反論（反撃）した内容が正しいのか誤っているのか。そして、それが中傷的な内容だったのか。つまり、中傷と言われる内容のファクトチェックができていない。

寛容の心は、「他人の過ちを大目に見たり、見て見ぬふりをすることではない」と「解説道徳」

（四三ページ）にあるが、正誤が不明なままの「寛容の心を持てば、人を許し受け入れてとがめだてしない」とする「解説道徳」（四二ページ）の方向に道徳的価値が与えられるようになっていく。即ち、人には多様な見方や考え方があり、意見を交わすこともするけれど、非難や中傷はしないで、広い心を持って〈あなたはあなた、私は私〉という関係を保つようにしよう。常に、対人関係においては感情的にならず、冷静に、心を穏やかに向き合うことが大切であるとの心構えを諭している。

五　授業の視点

登場する加奈子は、A選手が所属するチームのサイトでサッカーファンとつながっている。ファンサイトに悪口を書き込んでくる相手が許せなくて必死で反論するうちにエスカレートして乱暴な言葉を返すようになってしまった。どんな言葉で反論したのかは（文中には）書かれていない。〈あなたのひどい言葉も見られてます。読んだ人は、A選手のファンはそういう感情的な人たちだって思っちゃいますよ。中傷する人たちと同じレベルで争わないで〉が、加奈子が書いた内容を暗示しているのだが、明らかではない。〈匿名だからこそ、あなたが書いた言葉の向こうにいる人々の顔を思い浮かべてみて〉は、匿名だから相手を想像することは困難なのだが、加奈子に諭したいヒント（「寛容の心構え」）を与えている。

この教材で授業を構想する場合、ネット空間のコミュニケーションで心がけておきたい事柄を理解したうえで、ネット空間のコミュニケーションを含む日常生活での挑発的な言動や口論に巻き込まれた経験等を出し合って、円滑なコミュニケーションを進めるポイントを考え合うのがいいのではないだろうか。

①私（加奈子）は「いちばん大事なことを忘れていた」と気づいたようだが、どんなことを忘れていたのだろうか。

②必死で反論する私の言葉が、だんだんエスカレートしたのはどうしてだろう。そのとき、私の顔はどんな表情をしていただろう。

③ネットワークコミュニケーションで問題を引き起こしてしまうとすれば、どのような点だろうか。「いちばん大事なことを忘れていた」でなくても、自分たちが日常で大事にしたいことは何だろう。

④自分の日常生活や会話でお互いに気持ちや考えを心地よく伝え合うには、どのようなことに配慮したり工夫をするとよいだろう。

遵法精神、公徳心

④ 二通の手紙

白木みどり 著
はぎの たえこ 絵

「だめだと言ったらだめだ。」

「どうしてですか。かわいそうじゃないですか。僕、入れてあげますよ。」

「おまえが言わないのなら俺が言う。そこをどくんだ。」

　立ちはだかる山田を押しのけて、佐々木は窓口に顔を出した。

「申し訳ございません、お客さま。あいにくたった今、入場券の販売を終了いたしましたので、規則上お入れするわけにはまいりません。またのご来園をお待ちいたしております。」

　高校生ぐらいだろうか、流行のファッションに身を包んだ二人組の若い女の子たちは、佐々木の言葉に不服な顔をしながらもきびす*を返して去っていった。

　この市営の動物園の入園終了時刻は午後四時。今、僅かに数分を回ったところだった。

「全く、佐々木さんは頭が固いんだから。二、三分過ぎたからってどうしたっていうんですよ。今日はまだ、ずいぶん客が入っているんですよ。」

*きびすを返す　後戻りする。引き返す。

19

「おまえがかわいそうだと思う気持ちはわかる。しかしまあ待て、俺の話を聞いてくれないか。」
そう言うと佐々木は、何かを思い出すかのように、ゆっくりと話し始めた。

何年か前、今おまえがやっている入園係の仕事をしていた元さんっていう人がいたんだ。元さんは、定年までの数十年をこの動物園で働いていたんだ。その働きぶりは誰もが感心するものだった。ところが定年まぎわに奥さんをなくしてしまって、子供がいなかったものだから、話相手も身寄りもなかった。その落胆ぶりは見ていても気の毒なくらいだったよ。「このまま職場を去ったら、何を楽しみに生きていこうかねえ。」元さんのいつもの口癖だった。しかし、それまでの勤勉さと真面目さを買われて、退職後も引き続き臨時で働かないかという話がもち上がったんだ。元さんの生きがいが、またできたっていうわけだ。

たしか学校が春休みに入った頃だったな、きっと。毎日終了まぎわに、決まって女の子が弟の手を引いてやって来たんだ。小学校三年生ぐらいの子なんだよ。弟のほうは、三、四歳といったところかな。いつも入場門の柵の所に身を乗り出して園内をのぞいていたんだ。ときどき弟をだっこしてのぞかせてやったりしてね。そんな様子がほほ笑ましくて、俺と元さんは顔を見合わせては眺めていたよ。

そんなある日のこと、入園終了時間が過ぎて入り口を閉めようとしていると、いつもの姉弟が現れた。なんだかいつもと様子が違う。

「おじちゃん、お願いします。」

「もう終わりだよ。それにここは、小さい子はおうちの人がいっしょじゃないと入れないんだ。」

「でも……。これでやっと入れると思ったのに……。キリンさんやゾウさんに会えると思ったのに……。今日は弟の誕生日だから……だから見せてやりたかったのに……。」

今にも泣きださんばかりの女の子の手には、しっかりと入園料が握り締められていた。何か事情があって、親といっしょに来られないということは察しがついた。

「そうか、そんなにキリンやゾウに会いたかったのか。よし、じゃ、おじさんが二人を特別に中に入れてあげよう。そのかわり、なるべく早く見て戻るんだよ。もし、出口がわからなくなったら係の人を探して、教えてもらいなさい。おじさんはそこで待っているからね。」

入園時間も過ぎている。しかも小学生以下の子供は、保護者同伴でなければならないという園の規則を元さんが知らないはずがない。けれども、何日も二人の様子を見ていた元さんだった。元さんのそのときの判断に、俺も異存*はなかった。

二人を中に入れた元さんは、雑務を済ませてすぐに出口の方に回った。

「ご来園のお客さまに閉園時刻のお知らせをいたします。五時をもちまして当園出口を閉門いたします。本日は、中央動物園にご来園、まことにありがとうございました。またのお越しをお待ち申しあげております。」

閉園十五分前の園内アナウンスだった。別れの曲が流れ、園内の人々は足早に出口へと向かう。出口事務所の前で待っていた元さんは、さっきから何度も自分の腕時計と、歩いてくる人々とに交互に視線を向けていた。

閉門時刻の五時、とうとう人の流れが止まり、もう誰も出てくる気配はない。今にも門は閉鎖されようとしている。それからが大変だった。出口の担当職員に二人の

*異存　反対意見。

21

姉弟を入場させたいきさつを告げ、各部署の担当係員に内線電話での連絡が行き渡った。園内職員を挙げて一斉に二人の子供の捜索が始まったのだ。
　十分、二十分、刻々と時間は経過する。事務所の中、祈るような気持ちで元さんは連絡を待った。一時間もたっただろうか、うっすらと辺りが暮れかかった頃、机の上の電話のベルが鳴った。
「見つかったか。」
　園内の雑木林の中の小さな池で、遊んでいた二人を発見したとの報告だった。

数日後、事務所へ元さん宛てに一通の手紙が届いた。
その手紙を元さんは、何度も何度も繰り返し読んでいた。そして、俺にも読んで聞かせてくれたんだ。

　前略
　突然のお手紙で驚かれることと思います。お許しください。私は、先日そちらの動物園でお世話になりました、二人の子供の母親でございます。その節は、皆さまに大変なご迷惑をかけてしまいましたことを心よりおわび申しあげます。事の成り行きの一部始終を知り、私の親としての*ふがいなさを反省させられるばかりでした。
　実は、主人が今年に入って病気で倒れてから、私が働きに出るようになったのです。その間、あの子たちは、いつも私の帰りを夜遅くまで待っていることが多くなりました。弟の面倒をみながら待っている幼い娘の姿を想像すると、どんなに大変だったか、寂しかったか。いまさらながらに胸が痛みます。そんな折に、子供から聞いたのが動物園の話でした。今度連れていってあげると言ってはみるものの、仕事の関係上、そんなめどすら立たない日々でした。

よほど中に入りたかったのでしょう。弟の誕生日だったあの日、娘は自分でためたお小遣いで、どうしても中に入って見せてやりたかったのだと思います。

そんな子供の心を察して、中に入れてくださった温かいお気持ちに心から感謝いたします。自分たちの不始末*は、子供ながらにもわかっていたようでした。けれども、あの晩の二人のはしゃぎようは、長い間この家で見ることのできなかった光景だったのです。

あの子たちの夢を大切に思ってくださり、私たち親子にひとときの幸福を与えてくださったあなたさまのことは、一生忘れることはないでしょう。

本当にありがとうございました。

かしこ

ところが、喜びもつかの間、元さんは上司から呼び出された。しばらくして、戻ってきた元さんの手には、また一通の手紙が握り締められていた。それは、「懲戒処分*」の通告だった。

＊ふがいなさ　情けないさま。
＊不始末　他人に迷惑をかけるような行いをすること。　＊懲戒処分　職務上、不適切な行為を行った者に対して、処罰すること。

23

今度の事件が上のほうで問題になっていたのだった。元さんは停職処分となった。

それにしても……。俺はどうしても納得いかなかった。あんなにあの子たちも母親も喜んでくれたじゃないか。

それにここの従業員だって、みんな協力的だった。それなのになんでこんなことになるんだ。

元さんは、二通の手紙を机の上に並べて置いた。そしてそれを見比べながらこう言ったんだ。

「佐々木さん、子供たちに何事もなくてよかった。私の無責任な判断で、万が一事故にでもなっていたらと思うと……。この年になって初めて考えさせられることばかりです。この二通の手紙のおかげですよ。また、新たな出発ができそうです。本当にお世話になりました。」

元さんの姿に失望の色はなかった。それどころか、晴れ晴れとした顔で身の回りを片づけ始めたのだった。

その日をもって元さんは自ら職を辞し、この職場を去っていったんだ。

今日のようなことがあると、元さんのあの日の言葉がよみがえってくるんだよ。


佐々木は、窓越しに園内を眺めながら最後の言葉をつぶやくように言った。

「ご来園のお客さまに閉園時刻のお知らせをいたします。」

ちょうどそのとき、退園を促す園内アナウンスが流れ始めた。


この作品は、一九九七（平成九）年に書かれたもの。筆者の意向で、表現等は原文どおりとした。

三　二通の手紙

『二通の手紙』の出典は、文部科学省編　白木みどり著『私たちの道徳 中学校』である。七社（光村図書三年、廣済堂あかつき三年、日本教科書二年、日本文教出版三年、学研教育みらい（通称 Gakken）三年、東京書籍三年、教育出版三年）が、〔C：主として集団や社会との関わりに関すること〕の視点領域で取り入れている。白木みどりは、七社の中の一社、日本教科書の筆頭著作者である。

光村図書は、図書編集委員会が、この作品について若干の編集を意図したが、それができなかったという趣旨を込めているのか、文末に「筆者の意向で、表現等は原文通りとした」と記載している。

廣済堂あかつきは、『元さんと二通の手紙』に改題して掲載している。

一　教材の目標

指導項目：遵法精神、公徳心〔C：主として集団や社会との関わりに関すること〕

指導目標：法やきまりの意義を理解し、それらを進んで守るとともに、そのよりよい在り方について考え、自他の権利を大切にし、義務を果たして、規律ある安定した社会の実現に努めること。

二　元さんの言動と心情を中心に

動物園入園係の佐々木が数年前に体験した出来事の回想として教材文が構成されている。

◦定年までの数十年をその動物園で働いてきた元さんは、誰もが認める働き者であった。奥様を定年間際に亡くし、子供がいなかったものだから、「このまま職場を去ったら、何を楽しみに生きていこうかねえ」と話すのが元さんの口癖だった。

◦学校が春休みに入った頃のことである。小学校三年生くらいの姉と三、四歳の弟が、毎日終了間際にやってきて、園内をのぞいていた。

◦ある日、入園終了時刻（午後四時）が過ぎたので入り口を閉めようとしていたら、「おじちゃん、お願いします」と、姉が入園料を手に握りしめて願い出た。その日が弟の誕生日なので、ぜひ見せてやりたいというのである。

◦何らかの事情があって親が同伴できないのだと察して、元さんは〈なるべく早く見て戻ることを条件にして、特別に二人を入園させた。

◦元さんは、雑務を終えて園の出口に向かった。園内に閉門一五分前のアナウンスが流れた。

◦ところが、閉門時刻（午後五時）を過ぎても二人の姿が見当たらない。そこで、従業員が手分けして探し回って、一時間後に雑木林内の池で遊んでいた二人をやっと見つけた。動物園の従業員は安堵した。

。数日後、元さん宛てに二人の母親から感謝の手紙が届いた。佐々木がその内容を知っているのだから、従業員内で回し読みをしたことだろう。

。ところが、喜びも束の間、上司に呼び出されて、また一通の手紙を渡された。それは、職務違反のため「懲戒（停職）処分」の通告書だった。

。元さんは「子供たちに何事もなくてよかった。私の無責任な判断で、万が一事故にでもなっていたらと思うと…。この年になって初めて考えさせられることばかりです。この二通の手紙のおかげですよ。また、新たな出発ができそうです。本当にお世話になりました」と、佐々木たちに伝えた。

。そのときの元さんの姿に失望の色はなかった。それどころか、晴れ晴れとした顔で身の回りを片付け始め、その日をもって自ら職を辞し、職場を去って行った。

三　指導目標に沿う元さんの言動と心情

〔法やきまりの意義を理解し、それらを進んで守るとともに〕は、上司に呼び出され、もう一通の手紙を渡され、それが職務違反のため「懲戒（停職）処分」の通告書だった。その停職という懲戒処分にも甘んじず、自ら「退職」を決意したところに表れている。

〔そのよりよい在り方について考え〕については、自ら退職を決意するとともに、「また、新たな出発ができそうです」と周囲に伝えた箇所に表わされている。

そして、〈義務を果たして、規律ある安定した社会の実現に努めること〉については、元さんが「本当にお世話になりました」と、佐々木たちに退職の意思を伝えたことや、〈それどころか、晴れ晴れとした顔で身の回りを片づけ始めたのだった〉の言動部分で、動揺した様子が見られない姿に表わされている。

そして、最後の一行にある「ちょうどそのとき、退園を促す園内アナウンスが流れ始めた」の情景表現は、元さんの退職判断と決意と行動が動物園の以後の運営に安定をもたらせたことを印象づけている。

四　道徳科教材の問題

二人の子どもたちはそれまでも保護者同伴で訪れていなかったのだから、この日の時間帯に限らず、どの場合でも入園はできない。この場合は、動物園閉園（午後五時）後の入園ではなく、入園終了時刻（午後四時）が過ぎて入り口を閉めようとしている時刻に、姉が入園料を握りしめて「おじちゃん、お願いします」と頼んだのである。

すると、閉園までに数十分の時間がある。保護者同伴でない二人を入園させることができないのだから、従業員の誰か（例えば案内係）が保護者の代役をして、〈特別に中に入れてあげよう〉

とすることもできた。そうではなくて、物語の展開は子ども二人が閉園時間を過ぎても閉門出口にたどり着かない「迷子」状態という状況になった。

元さんは、善意をもって二人を入園させたのであり、不正の意図はどこにもない。そのような結果になることをあらかじめ意図した判断ではないのだが、入園許可の判断が問われた。その起きてしまった結果に対しての「停職」という懲戒処分は極めて重い処分である。

この物語は懲戒処分の理由が明示されていない。閉園後に職員が手分けして二人の子どもを捜索して安全を確認した。しかも、それによって園全体の業務遂行に大きな支障や混乱をきたしたのでもなく、また、動物園に対しての実害を及ぼした事案も発生していない。しかも、母親からの一通目の手紙には懲戒処分に馴染まない理由さえ書かれている。二通目の手紙は停職処分に限らず、懲戒処分そのものに対する問題点が伺える。

「また、新たな出発ができそうです。本当にお世話になりました」と元さんは言う。懲戒処分の通知を受けても、元さんの姿に失望の色はなかった。それどころか、晴れ晴れとした顔で身の回りを片付け始めた。そのような元さんが学んだのは何だったのか、その部分が不明のままである。

この物語が元さんに学ばせたのは、ルール（規則・規範）には個別配慮とかの「特例」という寛容は持ち込まない。そして、ルール（規則・規範）を破ると予測できない事態が発生する場合があるのだから、すべてに対してルールを適用すべきという遵法意識の厳格さである。元さんへの停職処分に納得できなかった佐々木をさえ従わせるほどの遵法精神の貫徹が、この教材が求める道徳的価値となっている。

〈ちょうどそのとき、退園を促す園内アナウンスが流れ始めた〉の文章は、「きまりや法は人間の情状酌量に優先される。規則や法は厳格にすべての人に適用されて、職場や社会の秩序は保たれていく」ことを印象づけている。

この教材が求める遵法精神や公徳心についての道徳的価値の理解を、元さんの言動にそって進めていくと、読み手の子ども自身が疑問と矛盾を抱くだろう。それらを活発に出し合い、多角的な議論を行える教材である。

五　授業の視点

元さんは市営動物園の入園係の仕事を数十年間続けて来た一係員である。周りの誰もがその働きぶりと温厚な人柄を通して信頼を寄せていた。二人の子どもを入園させたことについても善意からであって、その時点での不作為はなかった。入園許可の判断に危険予測が及ばなかったのは確かだが、重大な人身・物損事故を引き起こした訳ではない。

動物園全体の管理責任や職員の監督責任が厳しく問われた状況でない中で、（それだから）その点を注視することもなく、元さんへの一方的な懲戒処分は不適切である。しかも、施設と組織に実害を与えていないのに、元さん（職員）の社会生活に重大な精神的経済的支障をきたす停職処分は組織内部への不合理な職権濫用に相当するのではないか。懲戒処分（停職）の方こそ「特例」的な措置に思える。佐々木が元さんへの処分に納得できなかったように、読み手（子ども）がそのような見方や考え方をすることがあっても不思議ではないし、一定の道理が成り立つだろう。

元さんが「この年になって初めて考えさせられた」のは、どんなことなのか、何を学んだのかが明らかにされていないが、この部分を焦点にして、次のような議論を起こしていくことができそうだ。

①入園規則を十分知っていながら、なぜ二人を動物園に入れたのだろう。二人を入園させた元さんについてどう思うか。

②二通の手紙を見比べながら、元さんは「この年になって初めて考えさせられた」とあるが、どんなことを考えたのだろうか。

③「よし、じゃあ、おじさんが二人を特別に中に入れてあげよう」と言ったのは元さんだが、元さんだけが「処分」を受けたのをどのように考えるか。この「停職処分」をどう思うか。

④子どもから「おじちゃん、お願いします」と頼まれた場面に出会ったとしたら、二人の願いを叶えてあげるより良い方策を考えられないだろうか。

⑤あなたが動物園の職員だとしたら、園の一員として（今後）どのような園にしていきたいか。

32

強く気高く生きる

足袋の季節

私

おばあさん

年をとったせいか、近頃はとくにあとを振り返ってみることが多くなった。悲しみやつらさなどの思い出は、懐かしさを加えて、今では一つの楽しさとさえなっているが、あのときああしたらよかったという悔恨は、数限りなく浮かび上がって、それが諦めの年齢に、なおさら拍車をかける結果となっている。なかでも足袋を履く冬が来ると、かならず私の心の中にいきいきと映し出されてくるおばあさんがある。

今から四十年前、私は、小学校を出るとすぐ小樽のおばを頼って父母のひざを離れたのだが、当時、私の父の仕事がたまにしかなかったので、家は非常に苦しかった。

初めて会ったおばだが、「なんで来た。」といった冷たい顔をしながら、それでも私を小樽郵便局の給仕に世話をしてくれた。

月給が十四円で、食費としておばが十三円五十銭を取り、残り五十銭の中で頭を刈り、ふろ銭にあてなければならないので、それこそ冬が来てもゴム長どころか足袋を買う余裕もなかった。

雪の中を素足でぴょんぴょん跳ねるようにして局へ通ったもので、夜勤を終えて帰るときの足の

●当時の小樽郵便局

▲給仕
雑用をする係。

▲銭
お金の単位。百銭で一円。

冷たさには、何度泣かされたかわからない。なんとかして足袋を……、いつもそのことでいっぱいだった。

郵便局の構内に毎週月水金だけ、大福餅を売りに来るおばあさんがいた。そのおばあさんは、自転車置き場の横に箱を並べ、いつも寒そうに首巻きで肩を包み、吹きっさらしのからすのように小さく縮こまっていた。

ある日、上役の言いつけで、十銭玉を握って餅を買いに行った。

おばあさんは大福餅を五つ、袋に入れて、私に渡しながら、

「五十銭玉だったね？」

と聞いた。自分が渡したのは十銭玉だったが、そのとき四十銭あったら足袋が買えるという考えが、稲妻のように頭にひらめいて、思わず、「うん。」とうなずいてしまった。

おばあさんは、ちらっと私を見た。

そして、「踏ん張りなさいよ。」とぼそっと一言言って、私の手に十銭玉を四つ握らせてくれた。

私は逃げるようにしてその場を去ったのだが、あのおばあさんは私がごまかしたのを知っているのだと思うと、居ても立ってもいられなかった。正直に言って、その金を返そうと心の中では思うのだが、「四十銭あったら足袋が買える。」という心に負けて、とうとうそれが果たせなかった。

それからはおばあさんの前に立つことはできず、餅を買いにやらせられるときは、かならず同僚に頼んで行ってもらった。

「あの貧しいおばあさんから、金をかすめ取った!」という自責の念と、「踏ん張りなさいよ。」と言ってくれたのは、私にこれで足袋を買って頑張りなさいよ、と励ましてくれたのだという甘い考えとが、日夜小さな私の胸を苦しめた。

▼逓信講習所の試験に合格して、そこを終えると、札幌局に配属され、初めて月給をもらうと、汽車に飛び乗るようにして、果物かごを手にそのおばあさんを小樽局に訪ねた。

すでに、おばあさんは死んでいた。

局の近くを流れる色内川の橋にもたれて、ただむしょうに自分に腹が立ってしようがなかった。

持っていた果物かごを、川に落としてやった。

浮きつ沈みつ流れてゆくかごを見て、私は泣けて泣けてどうしようもなかった。

▲逓信講習所　かつて郵便や通信を担当した逓信省の職員を養成するための施設。

死というものが、こんなに絶対なものかということが、あのときぐらい強く感じられたことはない。

以後、私は二十何種類の職を転々としたが、なんとか今日まで、くじけずにやりとおせたのは、あのおばあさんのちらっと私を見たときの目、「踏ん張りなさいよ。」と言ってくれたあの言葉によって、支えられてきたからだと思う。

今となってはただ後悔の念を深くするばかりだ。いや、あのおばあさんが、私にくれた心を、今度は私が誰かに差し上げなければならないと思っている。

作・中江良夫『PHP』一九六三年二月号　PHP研究所による　絵・浅野隆広

考えてみよう　「私」の生き方から、「人が強く気高く生きる」ということについて考えてみよう。

自分に+1　今日の学習から、自分の生き方に今後生かしていきたいことはなんだろう。

171 | 32 足袋の季節

四　足袋の季節

『足袋の季節』は、中江良夫編著『ＰＨＰ』一九六三年二月号（ＰＨＰ研究所）を出典としている。七社（光村図書三年、廣済堂あかつき二年、日本教科書二年、日本文教出版二年、学研教育みらい二年（通称Gakken）、東京書籍三年、教育出版三年）が、〔Ｄ：主として生命や自然、崇高なものとの関わりに関すること〕の視点領域で取り入れている。

一　教材の目標

指導項目：よりよく生きる喜び〔Ｄ：主として生命や自然、崇高なものとの関わりに関すること〕

指導目標：人間には自らの弱さや醜さを克服する強さや気高く生きようとする心があることを理解し、人間として生きることに喜びを見いだすこと。

二　「私」の言動と心情を中心に

私は、四〇年前に小学校を卒業した。その私が、足袋を履く冬の季節が来ると必ず思い出す昔の出来事を語る形で話が展開する。

。小学校を卒業したあと、小樽のおばさんの家に住み込み、小樽郵便局の給仕を世話してもらって、そこから社会人生活が始まった。

。安い給料でのくらしは、冬になってもゴム長ぐつどころか、足袋を買うゆとりもなかった。なんとかして足袋を…、そのことで（頭の中は）いっぱいだった。

。郵便局内の自転車置き場の横に箱を並べて、大福餅を売りに来るおばあさんがいた。いつも寒そうに首巻きで肩を包み、小さく身をかがめていた。

。ある日、上役の言いつけで十銭玉を握って、おばあさんの餅を買いに行った。

。大福餅を五つ、それで十銭だ。おばあさんは、「五十銭玉だったね？」と聞いた。そのとき四十銭のおつりがあれば足袋が買えるという考えが、稲妻のように頭にひらめき、「うん」とうなずいてしまった。

。あのおばあさんは、私がごまかしたのを知っているのだと思うと、居ても立ってもいられなかった。正直に言って、その金を返そうと心の中では思うのだが、「四十銭あったら足袋が買える」という心に負けて、とうとうそれが果たせなかった。

。「あの貧しいおばあさんから金をかすめ取った！」という自責の念と、「踏ん張りなさいよ」と言ってくれたのは、私にこれで足袋を買って頑張りなさいよ、と励ましてくれたのだという甘い考えとが、日夜小さな私の胸を苦しめた。

◦逓信講習所の試験に合格して、そこを終えると、札幌局に配属され、初めて月給をもらうと、汽車に飛び乗るようにして、果物かごを手にそのおばあさんを小樽局に訪ねた。

◦すでに、おばあさんは死んでいた。色内川の橋にもたれ、ただむしょうに自分に腹が立ち、果物かごを川に投げ入れた。かごを見ていると、泣けてきてどうしようもなかった。

◦その後、私は二十何種類の職を転々としたが、頑張れたのはあのおばあさんのちらっと私を見たときの目、「踏ん張りなさいよ」と言ってくれたあの言葉によって、支えられてきたからだと思う。

◦あのおばあさんが、私にくれた心を、今度は私が誰かに差し上げなければならないと思っている。

三　指導目標に沿う「私」の言動と心情

〔人間には自らの弱さや醜さ〕があることは、以下の文章に表れている。

ある日、上役の言いつけで、十銭玉を握って餅を買いに行った。おばあさんは、大福餅を五つ、袋に入れて、私に渡しながら、

「五十銭玉だったね?」

と聞いた。自分が渡したのは十銭玉だったが、そのとき四十銭あったら足袋が買えるという考えが、稲妻のように頭にひらめいて、思わず「うん」とうなずいてしまった。おばあさんは、ちらっと私を見た。そして、「踏ん張りなさいよ」と、ぼそっと一言言って、私の手に十銭玉を四つ握らせてくれた。

〔人間には自らの弱さや醜さを克服する強さや気高く生きようとする心があることを理解し〕は、自らの弱さや醜さを自覚することから始まり、そこから葛藤を経て克服する方向へ向かうこと考えられる。それらは、以下の箇所（経過）に表れている。

私は逃げるようにしてその場を去ったのだが、あのおばあさんは私がごまかしたのを知っているのだと思うと、居ても立ってもいられなかった。正直に言って、その金を返そうと心の中では思うのだが、「四十銭あったら足袋が買える」という心に負けて、とうとうそれが果たせなかった。

それからはおばあさんの前に立つことはできず、餅を買いにやらせるときは、必ず同僚に頼んで行ってもらった。

「あの貧しいおばあさんから金をかすめ取った！」という自責の念と、「踏ん張りなさいよ」と言ってくれたのは、私にこれで足袋を買って頑張りなさいよ、と励ましてくれたのだという甘い考えとが、日夜小さな私の胸を苦しめた。

葛藤を経て克服していく行動としては、以下の部分である。

逓信講習所の試験に合格して、そこを終えると、札幌局に配属され、初めて月給をもらうと、汽車に飛び乗るようにして、果物かごを手にそのおばあさんを小樽局に訪ねた。

そして、〔人間として生きることに喜びを見いだすこと〕は、以下の二つの事柄を指している。

以後、私は二十何種類の職を転々としたが、何とか今日まで、くじけずにやりとおせたのは、あのおばあさんのちらっと私を見たときの目、「踏ん張りなさいよ」と言ってくれたあの言葉によって、支えられてきたからだと思う。

今となってはただ後悔の念を深くするばかりだ。いや、あのおばあさんが、私にくれた心を、今度は私が誰かに差し上げなければならないと思っている。

四　道徳科教材の問題

この教材文の展開に関する問題が二点ある。第一に、おばあさんに会う目的で小樽局を訪ね、おばあさんは死んでいたと知ったとき、自分に腹が立ったのは、会うための行動が自分の都合で余りにも遅れてしまい、その結果としておばあさんに会えなかったことへの怒りであろう。その心境にあるときに、持っていた果物かごを川に〈落としてやった〉のは、どのような心情が働いたのだろうか？　話者は、そこに哀悼や追悼の意味を込めていると考えられるが、かごを〈落として〉〈やった〉という行為は、おばあさんに対する哀惜に合致したものとは読み取れず、おばあさんの死から命の有限と無常を感じ取らせる心情表現になっている。第二に、札幌局に配属されて以降に、「二十何種類の職を転々としたが」の箇所について、四十年足らずに転職した回数は、おばあさんが「踏ん張りなさいよ」と励ましてくれたと解釈した自身の就業意欲に合致しているだろうか？　一、二年で職を転々としたことになるのである。しかも、おばあさんの「踏ん張りなさいよ」は、小樽郵便局の給仕として働いていた「私」に対して、念願の逓信省職員になることを励ましたのであって、何度も転職することまで奨励したのではないであろう。

　少年時代であれば、自分が渡したのは十銭玉だったが、そのとき四十銭あったら足袋が買えるという考えが、稲妻のように頭にひらめいて、「うん」と答えてしまうかもしれない。自分の側が「得」をするからである。では、「得した」四十銭で足袋を買ったのだろうか。おばあさんは、〈これで足袋を買って頑張りなさいよ〉とは言っていない。足袋のことは知らないのだから、私の都合で解釈した内容である。「四十銭あったら足袋が買える」という思いが働き、その心に負けてしまったのだから買ったのであろう。だが、その点が明確ではなくて、買っていないとも読み取れる。買っていないとすれば、その四十銭はどのように使われたのか。

　おばあさんから金をかすめ取った！という自責の念と、足袋を買って頑張りなさいよ、と励ましてくれたという甘い考えとが、〈日夜〉〈小さな〉〈私の胸を苦しめた〉という心の持ち主なら、

〈自らの弱さや醜さを克服する強さや気高く生きようとする心〉に相応しいのは、自責の念を払拭するために胸の苦しみを解く行動を起こすあり方ではないだろうか。おばあさんと顔を合わさないように避け続け、しかも正直に謝れなかった自分のあり方を戒めきれていない。どのような心境が果物かごに託されているのだろうか。

別の観点から見ると、私の心理と、その葛藤の条件設定が適切でないように見える。即ち、人間の弱く醜い心の状況から、強く気高い心に向かう契機（要因）に飛躍がないだろうか。確かに、「あの貧しいおばあさんから、金をかすめ取った！」という自責の念（自己との対話）と、おばあさんの「踏ん張りなさいよ」という他者の声（「他者との対話」）が設定されている。しかし、話者である私が述べるところは、おばあさんが言っていない〈私にこれで足袋を買って頑張りなさいよと、励ましてくれたのだという甘い考え〉であり、それは、私の自責の念（「金をかすめ取った」）に対する葛藤を迫るものではなく、その自責の念を側面的に慰めていると読み取れる。「あの貧しいおばあさんから、金をかすめ取った！」という自責の念に迫り、それを糺すための葛藤を呼び起こす内言は〔正直に謝らないといけないぞ！〕であろう。そのような葛藤の念が激しく私に向かってきていたのなら、小さな胸が日夜苦しんだという心境は理解できよう。「四十銭あったら足袋が買える」という心に負けてしまった状況で、果たして良心の呵責は起きたであろうか。

翻って、一般的には誠実に生きようとする人々は人間の内面に自身の弱さや醜さを認める。それらは弱い心・醜い心を克服していくための契機として存在しているのだろうか。そこに心理的葛藤を与え、強い意志と観念を呼び起こすには必要な一つの契機となるであろうが、現実的には個人の意志と観念のみで内面の弱さを克服していくのは難しいのではないか。

また、人間の弱さや醜さの対比（その克服）で表している強く気高く生きようとする心はどのような心だろうか。ここでは、〈あのおばあさんが、私にくれた心を、今度は私が誰かに差し上げなければならないと思っている〉とあり、人間の生き方としての気高い献身性を示している。その有徳の心を持つことによって生きる喜びを見いだすという人間としてのあり方や生き方は、宗教的な克己心に通じているようである。

加えて、強い心・気高い心を持つことが良くて、弱い心・醜い心は消し去らねばならないのだろうか。それによって形成する理想的な心情形成が、現実的には人間として生きる喜びの領域を狭めていく場合もある。日常の現実生活で見られる生きる喜びは、多様な関係要因や背景、他者との関わりを経て、個人的個別的に生まれている。それでも指導目標に「人間には自らの弱さや醜さを克服する強さや気高く生きようとする心があることを理解し、人間として生きることに喜びを見いだすこと」と設け、指導項目：よりよく生きる喜びは〔D：主として生命や自然、崇高なものとの関わりに関すること〕の最終項目に置いている。そこには、学校教育を通じた観念的で宗教的な人生観（形成）の意図が伺える。

五　授業の視点

本教材には、上記の「四　道徳科教材の問題」で示したような文章構成上の疑問点がある。一番の問題は、受け取ったお釣りの四十銭を返しに行かなかったことは分かるが、それをどう使ったのかは書かれていない。授業で本教材を扱うに際して、どのようにも議論していける余地があると同時に議論を深めにくい教材だ。そのことに関連する問題点が授業で浮かび出てくるのを予測しつつ、以下のような議論ができるのではないだろうか。

①「あの貧しいおばあさんからかすめとってしまった」という自責の念が小さな胸を苦しめたという私にとって、その自責の念から踏み出す行動は何だろうか。

②初めての月給をもらって、果物かごを持って行ったのはなぜか。おばあさんに対するどのような気持ちが「果物かご」に込められているのか。それを川に〈落としてやった〉のは、どんな心境からか。

③「今となってはただ後悔の念を深くするばかりだ」では、何を後悔しているのだろうか。

④後悔の念の中に（今も）自責の念は込められているのだろうか。

⑤「あのおばあさんが私にくれた心を、今度は私が誰かのために差し上げなければならないと思っている」として、私が考えるおばあさんの心はどのような心なのだろう。

コラム4

小学校「道徳」の授業、私はこうしました（1）

上野山小百合

道徳を教科として扱うように学習指導要領が改訂され、教科書ができた。教科書は文科省が決めた指導内容項目（徳目）を網羅するように教材が配列されている。たいていの学校では、教科書通りに毎週道徳の授業をしていけばいいという無言の圧力が漂っている。私がいた学校では、火曜日の三時間目は全学年が道徳の時間と決められ、担任以外の先生や支援学級の担任まですべての教員が学年に割り当てられて、道徳の授業をローテーションで担当していた。

四年の担当になり、割り当てられた教科書の教材を使って四年生のクラスを順番に授業していった。『バルバオの木』という架空の木が主人公の物語は「生命の尊さ、受け継がれる生命」がテーマとなっていた。食べ物がなくなり動物たちが飢えていくが、バルバオの木が自分の葉を落として動物に食べさせ、最後は自分が倒れて枝や幹を食べさせて動物の命を救うという物語だった。

私はこの物語を導入として、食物連鎖を学ぶ授業にしようと考えた。自然界の動物の「食べる―食べられる」の関係を子どもたちと図に表し、草食動物は植物を食べること、動物の糞や死骸は微生物が分解して土の栄養となり植物が育つという自然界の動植物の繋がり（食物連鎖）をまとめた。その図を見て考えたことを話し合った。

『ふるさとを守った大イチョウ』は戦火から町を守って黒く焼け焦げた大イチョウの話である。ねらいは「地域のよさに気づき、郷土を大切にする」とあるが、戦争の物語なのに戦争のことに触れないわけにはいかないと思い、戦場になって多くの人の命が奪われた沖縄戦を伝えたいと思って「おきなわメッセージ・つるちゃん」という絵本を読み、話し合った。

『目ざまし時計』は「健全な生活態度、時間を大切にし規則正しい生活を送ること」がねらいだった。指導書には「よし子が〈わたしのきまり〉をつくる気持ちになったのはどうしてか?」「〈もっとこうすればできる〉活動を考えさせる」とあるが、なぜ規則正しい生活をするのがいいのかについて科学的な知識を学ぶことが必要だと考え、「体内時計があり、朝の光でリセットされる。夜は暗くなるとメラトニンが分泌されて眠くなる」などの睡眠についての科学的な知識を補足した。

この例のように教科書には、非科学的だと思うものや、この教材と徳目（指導目標）は合わないと思うものが多い。そもそも、教師も子どもも必要と感じない徳目を授業で教えないといけないのはどうなのかと思う。学校で起こる様々な子どもたちのトラブルの方が生きた教材となる。上手く解決できた出来事はどこがよかったのか話し合って共有し、上手くいかなかったことはどうすればよかったのか話し合って、みんなの意見を出し合うことが今後に活かされる。明るみに出せない問題なら、ウサギとリスとクマ（大きい学年なら仮名で）のような登場人物でよく似た設定の物語を作って、話し合わせることもできる。

（元 小学校教員）

コラム 5

小学校「道徳」の授業、私はこうしました（2）

鴨池 徹

私の勤務校では、「小学どうとく 生きる力」（日本文教出版）を教科書として採用している。教科書の目次を開いてみると「教材名」が並んでおり、年間授業時数三五時間分を網羅できるよう設定されている。道徳の授業展開としてそれぞれの「教材名」には、内容項目と主題名（テーマ）があり、それに沿って教材研究をしていくようになっている。教材研究には、教師用指導書（いわゆる朱書き）を使って進めていく場合が多い。今回のコラムでは、教科書の中の「教材名」を一つ例に挙げ、「教科書をどのように使っているか」「道徳の教科書の成果や課題」などを紹介していきたい。

当年度は、三年学級担任を担当している。学級の雰囲気はにぎやかで活発な印象を受けている。しかし、学力の差が大きく、読み書きができるできないで大きく分かれ、語彙数の多い児童は文章もすんなりと読み解くことができるが、そうでない児童は、単語の意味を先に教えたり文章をかみ砕いて説明したりする必要がある。

さて、そんな児童の発達段階で「小学どうとく　生きる力３」（日本文教出版）『あこがれの人』という教材の実践を紹介していきたい。

『あこがれの人』の主題名（テーマ）は「思い切って」で、内容項目は、Ａ「善悪の判断、自律、自由の責任」である。導入の説明は、「ねがいがかなって入った郡上おどりジュニアでしたが、一年たってあけみはだんだん練習に行くのがいやになってきました」とある。三年生は、自身の習い事と照らし合わせて考えていくことができ、登場人物の気持ちや心情がつかみやすい内容である。導入の説明にもあるように、練習がいやになったあけみに対して「さぼっちゃいなよ」という悪魔のささやきから気持ちのゆさぶりが描かれている。

本校の児童は、導入部分の「ねがいがかなって入った」の部分を読み解くことで、「さぼりたい」という心情よりも、「好きなことはやっぱり続けたい」という考えに導くことができていた。児童の道徳ノートのまとめでは、「人にさそわれても自分がやりたいことをやったほうがいいいし、長くやっていることがあったらそのやっていることをあきらめない」や「友達に〈いっしょにあそぼっ〉て言われたけど、びょういんがあるからことわった」など、本文をもとに大切にしたいことや自分の経験をもとに書くことができていた。
　道徳の教材によっては、児童の経験からスムーズに進められるものもある。教材研究すら時間を割けない多忙な中では、教科書と指導書は非常にありがたい。一方で、教科書の朱書き通りの考え方が固定化し、多様さが奪われてしまう可能性もある。道徳という教科は、人間の考え方やあり方、人生の選択を方向づけてしまう重大さも秘めている。その視点を忘れずに今後も授業で実践を深めていきたい。

（大阪市立田中小学校）

コラム 6

『雨のバスていりゅう所で』（日本文教出版「生きる力」4年生より）

高橋翔吾

この教材は、雨の日に主人公のよし子とお母さんが出かけようとバス停に着くと、近くのお店の軒先にバスを待つ人たちが雨宿りをしていた。いっしょに軒先に入ったよし子だったが、バスが見えるとバス停に一番に立った。バスが着いて乗ろうとすると、お母さんに後ろに引き戻されるという話で、〈規則の尊重〉がテーマである。

私の担任する特別支援学級の、三年生と四年生の四人で授業をした。やや発達上の課題や特性のある子どもたちである。よし子がバス停に一番に立ってバスが着くところまでを読んで、この後どういう順番でバスに乗ると思うか、子どもたちに聞いた。「よし子・お母さん・ほかの人たち」という意見と「ほかの人たち・よし子・お母さん」という意見が出された。前者はよし子がバス停に一番に立ったから、後者はバス停に来た順番でないといけないという理由だ。後者の四年生の一人から、「よし子が一番に乗ったんだったら、順番ぬかしになると思う」という意見が出され、前者の三年生の一人は、「そんなんじゃない」と言い張って、ひとしきり論議になった。

ここで、お母さんはどの順番で乗ったと思うかを、子どもたちに聞いてみたところ、「よし子・ほかの人たち・お母さん」という新たな意見が出された。よし子は一番にバス停に立ったけれど、お母さんは記述されていないから、バス停に来た順番に乗ったと思うということだった。ふつうお母さんは自分の子どもといっしょに乗るんじゃないのかと揺さぶってみたが、子どもたちの考えは変わらなかった。子どもたちは、（みんながよりよく生活するためには並んでいなくても順番というものがありそうだと思ったようだ。最後まで話を読むと、「やっぱりな」とか「そういうことやったんか」とか、子どもたちは言っていた。

この話にはバスに乗ってからの記述がある。座席が埋まって立っていたよし子がお母さんを見ると、いつもはやさしい声をかけてくれるお母さんが知らんぷりをして窓の外をじっと見ていて、よし子は自分の行動を考え始めたというものである。教師が子どもたちに「正しい」考え方に誘導しているようで、私はこの記述（部分）を好きになれない。私の学級の四人のように、子どもたちは考えを交流することで、納得してものごとの道理に近づいていくものだと思う。

（泉大津市立条南小学校）

あとがき

壺井栄著『二十四の瞳』は、一九五二年に出版された。その同年、壺井の郷里である香川県で私は生まれた。中学生のときに読んだ『二十四の瞳』からは、主人公大石先生の献身的で母性的な教育愛に惹かれた。私が教職に就いて再読したとき、その感想は児童文学の領域を超えていた。教師の生き方と時代・社会への関わりを痛切に問う反戦平和の文学だった。

『二十四の瞳』出版時の日本社会の状況を調べてみた。歴史の進歩と反動が激しく渦巻いていた。一九四九年、下山事件・三鷹事件・松川事件（七〜八月）。一九五〇年、マッカーサーが日本の自衛権を強調（一月）、東京都教育庁、「赤い教員」二四六名に退職勧告（二月）、朝鮮戦争の勃発（六月）、日本綴り方の会結成（七月）、警察予備隊の発足（八月）。一九五一年、全面講和運動の開始（一月）、ユネスコの日本加盟を承認（三月）、対日平和条約・日米安全保障条約の調印（九月）、雑誌『教育』創刊（一一月）。一九五二年、血のメーデー事件〈警官隊とデモ隊の激突〉（五月）、破壊活動防止法公布（七月）、警察予備隊を保安隊に改組（一〇月）、『二十四の瞳』発行（一二月）。

壺井は、作文教育に励む「赤い」教師が教壇を去るなどの忠君愛国の教育が浸透していく学校に憂いを持った大石先生を無念にも退職させた。だが、大石先生の教育愛や教え子への哀切を描きつつ、戦後の社会情勢と真剣に向き合って作品を書き、生きていたのだ。私は教職の途上で壺井との縁を強く感じ取り、〈壺井の平和への願いに背くようなことをしてはならない〉と考えた。

小学校教員に就いた私は、児童文学を教材にした国語教育の機会を得ることができた。『大きなかぶ』『かさこじぞう』『花さき山』『夕鶴』『モチモチの木』『一つの花』『ごんぎつね』『かわいそうなぞう』『八郎』『ちいちゃんのかげおくり』『大造じいさんとがん』『片耳の大シカ』『やまなし』……。校内授業研究に導かれ、命・平和・平等・愛情・真理の念が身体に行きわたったのは、それらの児童文学と授業研究からである。

私は、道徳と倫理学についての研究を深く続けていたのではないし、道徳教育研究と実践に長く取り組んできてもいない。浅学を顧みずに、世間が距離を置き「敬遠」しがちな道徳問題に挑もうとしたのは、二つの事柄に遭遇したからである。

【痛ましく悲しい教師の実態】

一九九〇年代、全国的に「学級崩壊」現象が表れた。教師達が心を痛めて休職してしまう事態になった。〈真面目で優しい先生が心を病み、倒れ、休職に至るのはどうしたことか?〉私の身近では、道徳心が高く誠実な一人の女性教師は苦難を厭わず教職に打ち込んだ先で病苦に倒れ、僅か数日で逝ってしまった。彼女の支柱にあった優しさ・正直・誠実・自制の心は自らを救わず、理不尽にも彼女の命を縮め、奪い去った。

《人々に幸せを運ぶはずの教職にのしかかる悲劇。人間に幸せをもたらす道徳が欲しい。》

【学校と社会に順応する子どもの心情形成としての道徳】

二〇一五年三月、道徳教育の要としての「特別の教科 道徳」が教育課程に組み込まれた。道徳教科書には読み物作品(教材)が多く配列され、人間の生き方や考え方、社会生活のあり方等を示し、それらの価値を理解させ道徳的実践の態度を養い評価する道徳指導が進められている。これらの道徳教育が世代を重ねて遍(あまね)く国民全体に行きわたったら、それらの諸価値は体系化した国民的思想になり、国家に望まれる人間像を組成していく。

《国民と市民社会が道徳性を創り上げていくのが、国民に主権がある日本社会の大道である。子どもの心は、子ども自身のものだ。》

私は人権・平等・平和の理念を大切にしたい。戦前と戦後を通じて人々が切実に願い続けてきた理念だからである。それは、二一世紀の後半、その奥深くまで生きる次代の子たちに手渡したい貴重なバトンである。

歴史は一進一退と曲折を経ても、それらを無駄にすることなく進歩していく。科学の発達と文化の発展が、人間の世界的視点に立った思考と行動を呼び起こしている。若者たちを中心とする地球環境を守る世界的規模の運動や核兵器廃絶を現実化する行動、ジェンダー平等やマイノリティ差別廃止を求める行動、人口の九九%によるオキュパイ行動等の運動は地域的かつ世界的な思考と行動となっている。まさに地球的に世界を捉えた地球的文明（地球史）の創世記となっている。

そこからは、道徳性の未来が見えてくる。世界経済と市場のグローバル化の浸透によってヒト・モノ・カネ・コトが易々と国境と地域を越えるようになった。その物質的な胎動は（人間理解の側面から見ると、）人々や民族の多様性に敬意を払いつつ、思考や願いの普遍性を世界的視野で共有しようとする人間集団としての〈我々〉の観念を形成していく基底的要因となっている。国々と地域の階級や階層の関係性が大きく変動するのに伴い、道徳性の発展としては、〈私〉が〈我々〉と近接し、さらには統一化して、世界的概念としての〈我々〉が思い巡らされていく。そして、徐々に、〈市民の道徳〉は〈万人の意思〉へ統合していき、やがて「個人の道徳」は解消されていくだろう。その歴史期には、カントが説いた「汝の意思の格率が常に同時に普遍的な立法の原理として妥当するように行為せよ」の道徳律が市民に受容され一般化していくことになる。

本書の出稿にあたり、はじめに・序章、及び第一章、第三章については、以下の初出論文に加筆や補筆をして本論考にまとめた。

◦はじめに・序章

「庶民に浸透していく道徳的心情」日本科学者会議編『日本の科学者』二〇二二年二月号、五六〜五八ページ。

◦第一章

「科学・歴史に学び、社会的現実と向き合う道徳教育への一考察―思想としての道徳、及び科学的認識力を育む道徳教育に焦点を置いて―」『滋賀大学教育学部紀要 第七一号』二〇二二年、一〜一二ページ。

◦第三章

「科学的認識に基づいた「道徳教育」に関する考察―文部科学省『私たちの道徳』における、主として集団や社会とのかかわりに関する領域の「読み物」分析を通して―」『立命館教職教育研究 第三号』二〇一六年、四三〜五三ページ。

また、教育現場の教員による六筆のコラムを掲載することができた。筆者の論考を支える内容であったり、これからの道徳教育実践を創りだす参考とヒントになる貴重な数々である。ご寄稿下さった諸先生方に謝意を申し上げます。

本書の出版に際して、文理閣の黒川美富子代表、同山下信編集長に編集や校正の労をおかけしました。柔らかく温かい文章を心がけましたが、全く反対の硬直した文章になりました。遅筆の筆者を度々励まして下さったのは滋賀大学名誉教授 藤本文朗先生です。進捗状況に合わせて助言をいただき、参考資料を提供してくださいました。太成学院大学 近藤真理子先生にはコラム掲載に関わってご尽力を賜りました。ご支援下さいました皆様に心よりお礼申し上げます。

教職を離れ随分経つのに、学校の教室やグランドから子どもたちの声が道中に聞こえてくると、すぐさま〈教師〉に戻ってしまいます。学校で、教室で、道徳教育がどのように進められているだろうかと想像しつつ、教育現場の実践に参加する心境で本書の執筆に取り組みました。共に、《明日の道徳》を考えていきたいです。

二〇二三年五月

安井　勝

著者紹介

安井　勝（やすい　まさる）

1952年、香川県生まれ。香川大学教育学部卒業、武庫川女子大学大学院臨床教育学研究科博士後期課程修了（博士：臨床教育学）。大阪府公立小学校（定年）退職、名古屋女子大学文学部児童教育学科専任講師、立命館大学教職教育推進機構 教職支援センター嘱託講師。

主な著書・論文

『教育の共同性を拓く教育的対話に関する臨床教育学的研究』（風間書房、2010年）

「不登校克服の研究 －開かれた学校づくりの視点から－」明星大学大学院研究紀要『教育学研究 第3号』（2003年）

「教師の感性を生かす臨床教育ノート －教師の教育力量を深化させる臨床教育学的実践－」『学校教育研究 第23号』（教育開発研究所、2008年）

「人間の自然性擁護を視点とする臨床教育実践の研究 －『エミール』に見る臨床的教育観／人間観を通して－」『立命館教職教育研究 第5号』（2018年）

「日本型学校教育の改変による教職の質的転換 －戦後の先駆的教育実践と家永教科書裁判に見る教師の献身性を焦点にして－」『立命館教職教育研究 第6号』（2019年）

明日の道徳教育

人間平等への国際的な歩みと共に

2023年7月20日　第1刷発行

著　者　安井　勝

発行者　黒川美富子

発行所　図書出版　文理閣

京都市下京区七条河原町西南角　〒600-8146

TEL (075) 351-7553　FAX (075) 351-7560

http://www.bunrikaku.com

印刷所　吉川印刷工業所

ISBN978-4-89259-933-0